꿈을 찾아 떠나는 산책

Prologue

걸으며 나눈 이야기가
책이 되기까지

매주 수요일 오후가 되면 우리는 교문을 나서 북한강 산책로를 향해 걷기 시작했다. 수업명은 '건강 걷기'. 몸을 조금이라도 움직이자는 단순한 의도로 붙인 이름이었지만, 첫날 교문을 넘는 순간 나는 알았다. 이 시간은 단순한 걷기 수업이 아니라, 누군가와 나란히 걷는다는 것의 의미를 묻는 시간이 되리라는 것을.

학교 앞을 지나 조금만 더 걸으면 계절이 선명하게 드러나는 북한강 길이 나온다. 봄이면 벚꽃이 팝콘처럼 터지고, 여름이면 떨어진 씨앗이 오독오독 밟히는 감각이 걸음마다 따라붙는다. 가을이면 벚나무마다 불이 켜진 듯 단풍이 타오르고, 낙엽 소리는 자연스럽게 리듬이 되어 발걸음을 이끈다. 나는 아이들이 그 길 위에서 잠시라도 '자기 걸음의 속도'를 바라보기를 바랐다. 누군가의 기준에 맞춰 달리는 것이 아니라, 지금 이만큼 걸어도 괜찮다고 스스로에게 말해줄 수 있는 속도.

"올해는 선생님이 하고 싶은 활동 마음껏 하세요. 무조건 지원하겠습니다." 라고 말씀해 주신 교장선생님이 계셨고, 방과후 수업으로 실현해 주신 심행란 선생님도, 오늘은 아이들과 어떤 이야기를 나누었는지 궁금해하시는 최데레사 선생님도 계셨다. 길은 혼자 내는 것이 아니었다. 허락과 지지가 모여 길이 되었다. 아이들은 그렇게 만들어진 길을 비가 오면 우산을 쓰고 걷고 그 길에 피어난 애기똥풀로 그림을 그려보기도 했다.

첫 수업 날은 3월 19일, 저녁 공기가 서늘한 초봄이었다. 금산초등학교를 지나 서면 문학공원과 애니메이션 박물관까지 다녀오니 약 한 시간 반이 걸렸다. 산책로의 폭은 학생 네 명과 나란히 걸을 수 있을 만큼 넉넉했다. 해가 빠르게 기울었고 어둠이 내려앉자 아이들은 준비해 온 랜턴을 켰다. 그 불빛은 길을 밝히기 위한 것이 아니라, 서로를 확인하기 위한 빛이었다. 걷기란 걸음을 억지로 맞추는 일이 아니라, 걸음이 자연스럽게 겹쳐지는 순간을 기다리는 일이라는 것을.

복잡한 문제를 붙들고 있다가 잠시 걷거나 손을 멈추면 해결의 실마리가 떠오르는 순간을 브루잉 효과라고 했다. 멈춤이 아니라, 천천히 우러나는 시간. 아이들의 길 위에서는 결과보다 '숨'이 먼저여도 괜찮았다. 아이들이 이 길에서 잠시 멈춘 숨 사이로 자신만의 문장을 발견하길 바랐다.

아이들이 과제에 부딪혀 답답할 때, 이 길의 속도가 그 답답함을 조금씩 풀어주기를 바랐다. 걷는 동안 떠오른 생각이 꼭 정답일 필요는 없다. 떠오른다는 사실 자체가 이미 '살아 있는 사고'이기 때문이다.

강원애니고에는 일찍 스스로의 꿈을 선택한 아이들이 모인다. 언젠가 자신만의 작품 세계를 만들고, 그 안에 감정을 그려낼 아이들이다. 나는 그들의 세계가 궁금했다. 이곳에 오기 위해 어떤 준비를 했는지, 기숙사에서의 생활은 어떤지, 지금 마음 한가운데에는 무엇이 자리하고 있는지. 부모님과 떨어져 혼자 생활을 이어간다는 것은 이 아이들이 학교를 졸업해서 사회에 나갔을 때도 어느 곳에서든 잘 살아낼 것이라는 믿음이 생긴다. 이미 이 아이들은 살아낼 힘을 갖고 있다는 증거였다. 걸으며 나눈 아이들의 단단한 이야기가 책이 될 수 있을 것 같다는 생각이 들었다.

마침 교육청에서 책쓰기 연수가 있었고, 서현숙 선생님의 강의를 함께 들은 권민서 국어 선생님께 아이들과 걸으며 나눈 이야기를 책으로 만들고 싶다고 말씀드렸다. 선생님은 망설임 없이 함께하겠다고 했다. 아이들이 글을 완성할 때까지 기다려 주고, 퇴고를 도와주셨다. 글이 나오도록 기다려주는 힘든 퇴고의 과정을 권민서 선생님이 해주셔서 이렇게 책으로 완성될 수 있었다.

서현숙 선생님은 이 책의 멘토로서 "제일 먼저 독자를 정하세요. 누구에게 건네고 싶은 책인가요?"라는 질문을 남기셨다. 그 질문 덕분에 단순한 기록이 아닌 '건네는 마음'을 가진 책이 되었다. 글쓰기의 시작을 '마음 열기'로 이끌어주신 정주희 상담선생님, 아이들의 이야기에 관심 가져주시고 디자인 작업에 함께해주신 이민지 선생님, 걷기 수업이 계속되면 좋겠다고 응원해주신 학부모님들, 그리고 첫 회의 공간을 내어주신 7coffee 사장님, 수요일이면 '오늘 걷는 날이지요? 비오는 날 걸어도 좋지…'하고 관심을 보여주셨던 선생님, 아이들과 음악을 들으며 걸으라며 블루투스 스피커를 빌려주셨던 선생님, 그 많은 분들의 마음이 이 책의 페이지마다 담겨있다.

이 책은 함께 걷는 마음으로 만들어진 길 위에서 아이들이 내디딘 첫 걸음을 기록한 책이다. 아직은 서툴고 짧은 문장일 수 있지만, 그 안에는 스스로 걸음을 내딛는 사람만이 지닐 수 있는 따뜻한 온기가 있다. 언젠가 아이들이 자신만의 세계를 펼쳐갈 때, "나는 여기에서 이렇게 걸었고, 이렇게 말하려고 했다"는 첫 기록이 되기를 바란다. 또한 비슷한 걸음을 내고 있는 누군가에게도, 아이들이 들고 걸은 랜턴의 불빛처럼 따뜻하게 건네지길. 그래서 오늘 우리의 걸음이 언젠가 또 다른 누군가가 꿈을 찾아 떠나는 새로운 산책의 설레는 시작이 되길 바란다.

2025. 11

김영미

꿈을 찾아 떠나는 산책

차례

프롤로그   05

chapter 1. 애니고에 가자

내가 건네고 싶은 이야기 머루	17
시작 개미	24
어쩌겠어! 배워야지 HB	30
우연히 만난 내 안의 가능성 두부과자	35
자연을 배우고, 느낄 수 있는 환경에 감사 머루 어머니	39

chapter 2. 또 하나의 집

하루 끝, 기숙사에서 찾은 나만의 시간 머루	45
하루를 닮은 반복 개미	53
헤맨 만큼 내 땅이니까 HB	59
습관은 삶을 정돈한다 두부과자	65
바람도 소란도 산책과 함께 잦아들거야 개미 어머니	70

chapter 3. 인연-참 좋은 사람들

사람만이 줄 수 있는 것들에 대하여 머루	75
새긴 인연 개미	80
고마운 인연들 HB	85
걷기가 준 선물 두부과자	89
너의 꿈을 찾아가는 모습 HB 어머니	91

chapter 4. 더 높은 꿈을 위해

나에게 거는 기대 머루	97
아직 오지 않은 내일 개미	103
천천히, 그러나 끝까지 HB	107
내 그림이 가장 나다운 빛을 낼 때까지 두부과자	110
언제 이렇게 다 컸지 두부과자 어머니	114

에필로그

별을 보았던 그날 머루	118
사진 한 장의 추억 개미	120
가장 특별한 순간 만난 꿈 HB	122
혼자거나 함께거나 두부과자	124

chapter

1

애니고에 가자

내가 건네고 싶은 이야기 머루

시작 개미

어쩌겠어! 배워야지 HB

우연히 만난 내 안의 가능성 두부과자

자연을 배우고, 느낄 수 있는 환경에 감사 머루의 어머니

그림 - 머루

내가 건네고 싶은 이야기

　애니고에 오기 위해 준비하던 순간을 떠올리면 조금 더 여유 있어도 좋지 않았을까 하는 생각이 가장 먼저 든다. 애니고를 지원하게 된 건 이루고 싶은 꿈이 있었기 때문이다. 웹툰 작가가 돼서 웹툰을 만들고 싶었다. 웹툰이 너무 좋았고, 나도 내가 웹툰을 통해 얻은 응원과 위로, 웃음을 다른 사람들에게 나누고 싶었다. 친구의 소개로 보게 된 웹툰은 나에게 정말 많은 걸 주었다. 다양한 웹툰을 보며, 어느 웹툰에선 사람에 대해 배웠고, 또 다른 웹툰에서는 살아가는 법에 대해 배웠다. '같은 상황에서도 다른 사람은 이렇게 생각할 수도 있구나!', '살아가다 보면 누구나 한 번쯤은 겪을 만한 문제를 누군가는 이렇게 해결하기도 하는구나!'라는 깨달음을 얻게 해준 작품도 있다. 그렇게 조금씩 다양한 웹툰을 보며 많은 것을 배운 것 같다. 가벼운 마음으로 보는 웹툰이지만 모든 웹툰에는 메시지가 있고, 생각보다 그 무게는 가볍지 않았다.

웹툰을 보면서 나와는 또 다른 사람들이 삶을 살아가는 형태를 공감하고 느낄 수 있었고, 살아가면서 생기는 문제와 고민을 나였다면 상상치도 못했을 방법으로 해결하는 부분을 통해 많은 걸 배울 수 있었다. 처음으로 웹툰을 통해 위로라는 감정을 느꼈던 건 <아쿠아맨>이라는 작품을 보면서였다. 힘들게 고민해 왔던 문제에 생각하지 못한 방향성을 제시해 주는 대사들이 많았다. 주인공이 힘든 상황에서 무조건 현실에 부딪히고 힘으로 이겨내는 게 아니라 자신을 위해 힘든 상황에서 도망치는 선택을 하는 것을 보며 그것이 더 나은 결정이 될 수도 있다는 생각이 들었다. 당장 응원이 필요한 사람도 있겠지만, 조금은 멀리서 생각해 보는 것도 어쩌면 좋은 해결 방법이 될 수 있는 것 같다. 웹툰의 이런 점들이 나를 감동하게 했다. 나도 그런 웹툰을 만들고 싶었다. 모두를 감동하게 하진 못하겠지만, 나와 같은 고민을 하고 있는 사람들에게 선택지를 조금 더 늘려줄 수 있는 그런 웹툰을.

중학교 시절, 나에게 맞지도 않는 수업을 들으면서 생각했다. 웹툰 하나를 보는 것보다 얻는 것이 적은 것 같다고. 그런 나에게 일반고의 수업은 낭비로 느껴졌다. 나한테 필요한 것을 배울 수 있는 학교에 다니고 싶었다. 그렇게 알게 된 게 애니고였고, 그때의 나에겐 애니고 입시를 망설일 이유가 없었던 것 같다. 학교에 지원하는 데 있어서 아무 고민이 없었던 건 아니었다. 고등학생 때부터 타지 생활을 해야 하는 게 꽤 큰 걱정거리였다. 애니고를 다니는 게 그 위험을 감당할 만한 가치가 있는가는 가보지 않으면 판단할 수 없는 문제였다. 그래서 일단 해보기로 했다. 같은 목표를 갖고 함께 달려가는 친구들도 옆에 있었고, 나를 응원해 주는 부모님이 있었다. 꿈이 있던 나에겐 애니고가 아니면 선택지가 없었다. 그래서 강원애니고에 지원하기로 마음을 먹었다.

#

그렇게 중학교 2학년 여름방학, 애니고 입시를 시작했다. 입시 얘기라면 할 말이 정말 많다. 입시의 기억은 선생님의 한마디로 시작된다. "입시 할 거야?" 당연히 하겠다고 대답했던 거로 기억한다. 처음엔 몰랐지만, 그 질문의 뜻을 알게 된 건 입시반에 들어가고 한 달쯤 됐을 때이다. 2시간, 상황 표현 실기 시험 시간인 그 2시간이 문제였다. 창작에 시간제한이 있고 점수가 매겨지는 건 지금까지 내가 해왔던 것과는 너무 달랐다. 좋아하는 걸 하려고 시작한 입시인데 시험을 보기 위해 그리는 그림이 내가 하고 싶었던 게 맞나 싶었다. 그 생각이 들면서 입시를 하겠다고 덥석 말한 걸 조금 후회했다. 그런 이유로 실기 시험에 적응하는 것이 당시 나에게는 가장 큰 벽이었다. 나에게 제한된 2시간과 백지가 주는 압박감은 종이를 펼치면 수많은 생각이 떠올라 고르기조차 힘들었던 예전과 달리 내 머릿속도 종이와 함께 백지로 만들어버렸다. 그림은 거짓말을 하지 않는다. 입시 때 그림을 보면 당시 나의 감정선이 확연하게 보인다. 그림을 그리기 싫었던 날은 그림에서 티가 난다. 어떤 날은 떠오르는 게 없어 그림을 완성하지 못한 적도 있었다.

  집에 가는 버스를 타고 많은 생각을 했다. 어쩌면 내가 힘든 건 당연한 결과일지도 모른다. 단순히 그림 그리는 걸 좋아하니까 그걸 억압받는 입시가 힘들었던 거다. 입시는 과정일 뿐이고, 평가에서 좋은 성적을 내는 건 내 목표가 아니었다는 것이다. 좋아하는 일을 멈추지 않으려고 시작한 입시였다는 게 그제야 기억났다. 아마 그 이후로 백지를 내는 일은 두 번 다시 없었던 것 같다.

  실기에 대한 부담은 크게 줄었지만, 아무래도 입시가 그렇게 간단하게 즐거워질 리 없다. 입시 후반에는 부족한 체력과 입시 외의 스트레스 거리들이 나를 힘들게 했다. 그냥 인간적으로 힘들었다. 그럴 때는 생각을 하기보단 좋아하는 노래를 들었다. 당시 우연히 알게 된 일본 밴드 세카이노 오와리 SEKAI NO OWARI는 지금도 나에게는 많은 힘이 되어주고 있다. 입시 준비하면서 거의 하루의 반을 학원에 있다 보니 그 환경 자체에 지쳤던 것 같다. 그럴 때는 점심시간이나 혼자만의 시간에는 틈틈이 세카이노 오와리의 노래를 듣곤 했다. 그중 '최고 도달점'이라는 곡이 가장 마음에 남았다. 그 이유는 가사가 내게 꼭 필요했던 말들이었기 때문이다. '나 자신을 내 편으로 만든 지금, 나는 누구보다도 강해질 테니까', '조금만 더 움직여줘'라는 가사를 들을 때마다 아무리 힘들어도 다시 일어날 수 있다는 용기를 얻을 수 있었다.

아마 애니고를 목표로 입시를 한다면 나와 비슷한 고민을 많이 하게 될 거로 생각한다. 그림을 그리기로 마음먹었다고 꼭 그림만 좋아할 필요는 없다고 생각한다. 결국 입시라는 건 일을 하기 위함이고 이 일을 온전히 취미로 가지고 갈 수 없게 되었다는 것이기 때문이다. 내가 음악을 듣는 것처럼 그림에 지쳤을 때 집중할 수 있는 좋아하는 것들을 만들어보길 바란다. 그림이 싫어진 것 같다가도 다른 일을 하다 보면 금세 그림이 그리고 싶다는 생각이 들 거라 장담한다. 내가 지금껏 봐온 그림쟁이들은 다 그랬다. 좋아하는 일을 하기 위해 또 다른 무언가를 좋아하는 마음이 필요하다는 게 웃기지만, 사랑의 힘은 생각보다 크다. 그렇게 얼렁뚱땅, 눈떠보니 애니고 2년 차가 되었다.

시작

어렸을 때부터 서브컬처(비주류 문화) 문화에 관심을 가지고 가까이 지내왔다. 유치원과 초등학교 저학년 시절 학교 마치고 집에 돌아오면 할머니께서 항상 텔레비전을 틀어 애니메이션을 보게 해 주셨다. 그 외에도 친구가 추천해 준 만화책을 보고, 좋아하는 애니메이션의 노래를 듣고, 그렇게 지내면서 흔히 좋아하는 것에 파

고드는 '덕질'이라는 것도 초등학생 때부터 해왔다. 덕질을 하다보면 좋아하는 캐릭터의 그림을 그리고 싶어질 때가 있다. 친구들도 좋아하는 캐릭터의 그림을 그리고 있을 때, 문득 그런 생각이 들었다. "내 손으로 직접 그림을 그려보고 싶어"라고. 그렇게 불타올랐던 마음에 그림그리기를 시작하였다. 물론 이게 목표라기보단 취미에 가까웠다. 그때에는 순수하게 이걸로 돈을 벌거나, 유명해지거나 할 생각이 없었기 때문이다. 그렇지만 내가 보는 눈이 없는 건 아니다. 더 잘 그리는 친구들의 그림을 보고 비교해 가며 자신을 탓하기도, 시기 질투하기도 하며 나를 깎아가며 더 잘 그리려고 노력했다.

중학생이 되고서, 1학년 때 담임선생님은 내가 그림을 자주 그리는 걸 보곤, "애니고에 가보는 게 어떻겠니?"라고 제안했었다. 그때까지 애니고는 공부도, 그림도 잘 그리는 엄청난 엘리트들이 가는 학교라고 생각했기에 (물론 틀린 말은 아니다…….) 나 같은 애는 절대 못 갈 거라고 확신했었다. 왜냐하면 그때 당시 그림 실력에 자신도 없었고, 3년이 부족한 것만 같아 못 갈 거 같다고 생각했었다. 노력도 해보지 않은 채 그런 말을 하는 나에게 담임선생님께선 항상 응원하고 있을 테니 뭐라도 해보라고 말씀하며 용기를 북돋아 주셨다.

그렇게 해서 애니고에 가겠다는 인생의 첫 번째 전환점이자 목표가 생겨났다. 솔직히 그때까진 공부도 그림도 별로 잘하지 않았다. 그냥 '애니고'라는 이름을 딱 들었을 때, 멋지다고 생각했다. 자기 전공을 정하고 정한 대로 수업을 듣고 관심사를 공유하는 친구들과 3년을 같이 지낸다는 게 멋지고, 선생님의 갈 수 있다는 한마디에 혹해 목표로 잡았을 뿐이었다.

하지만 목표를 잡은 이후에도 여전히 그대로였다. 왜냐하면 엄청나게 게을렀기 때문에, 목표는 있어도 정작 무엇을 어떻게 해야 할지 막막해서 아무것도 하지 않았기 때문이다. 게다가 이런 성격 때문에 당연하게도 공부는 늘 뒷전이거나, 아예 하지도 않았다. 중학교 때의 일상은 항상 '학교-과외-집'의 반복이었다. 집에 가선 하루 종일 게임만 주구장창……. 덕분에 잔소리를 많이 들었다. 그럼에도 전교 등수는 높았다. 왜냐하면 그때 다녔던 중학교는 대부분이 노는 학생들이었기에 내 밑을 많이 받쳐주었다. 덕분에 성적은 어느 정도 행운으로 중·상위권을 유지했었다.

그런데 이 성적이 무너진 건 중학교 3학년 때였다. 그림 입시를 막 시작할 무렵. 반에서 은근히 따돌림을 당하는 듯하였고, 결국 혼자 다니거나 다른 반의 친구들과 다니게 되었다. 이 일은 부모님께 전혀 알리지 않았었는데, 어차피 1년만 버티면 지나갈 일이고 이걸 말한다고 해서 크게 형편이 나아질 것 같진 않다고 생각했기 때문이다. 매일 외롭고 울고 싶었던 마음을 참으며 하루하루를 보냈다.

#

입시 학원에서 친구들을 사귀고 친해졌을 무렵엔 학원 친구들을 만날 생각에 기쁘기도 하였다. 하지만 정신 상태는 나아지기는커녕 오히려 더 나빠지기만 했다. 반 친구들이 너무나도 싫어 수업 시간엔 매일 잠을 자거나, 상담실인 위클래스에 가서 시간을 보내곤 했다. 그게 성적 하락의 길로 들어서게 해주었다. 공부를 전혀 하지 않는 태도에 선생님들은 날 좋게 볼 리가 없었다. 물론 반 친구들도 똑같은 마음이었겠지만, 솔직히 신경을 쓰고 싶지 않았다. 당장 다음날 학교를, 수업을 어떻게 빠질지만 고민했었기 때문이다. 그래서 난 매일 혼나기 일쑤였기에 공부하기 싫었다. 더 나아가서는 학교에 다니고 싶지 않다고 생각했다.

그 덕분에 날이 갈수록 정신상태가 망가져 갔다. 내 현실은 날마다 무너져 내리고 있었고 이게 꿈이었으면 좋겠다고 생각했다. 또 다른 날은 가족과 싸우기도 하였다. 입시를 그만두고 싶다는 마음이 끊이질 않는 나날에 점점 지쳐갔다. 그런데 한편으로는 이 입시에 성공하는 게 내 노력이 헛되지 않았음을 증명하고, 그들에겐 복수가 될 거라는 생각이 있었기에 그 믿음으로 어떻게든 버티며 살았다. 분명 험난한 길을 지나면 행복이 있으리라고.

결국 나는 자신과의 싸움에서 이겼다. 학교 방과후 시간에, 다른 반 친구들과 합격자 명단을 보며 그 안에 내 수험 번호, 이름이 틀리지 않게 적혀있음을 확인하곤 작게 소리를 질렀다. 이렇게 첫 번째 인생의 전환점이 됨과 동시에 첫 번째 목표를 이루게 되었다. 목표를 성취했다고 해서 내 마음의 상태가 완전히 나아진 건 아니지만, 마음의 큰 짐 덩어리를 하나 없애니 하루가 정말 편안했다. 꿈에 그리던 학교에 합격하고, 공부하라고 잔소리를 늘어놓던 부모님도 이젠 내가 뭘 하든 터치하지 않으셨다. 이렇게 나의 중학교 생활이 마무리되었다.

새로운 시작점을 향해 간다는 것은 조금 떨리기도, 무섭기도 하다. 하지만 언제나 새로운 것은 경험이 되어 나의 인생에 영향을 미친다. 그러니 새로운 도전을 두려워하지 않았으면 좋겠다고 전하고 싶다.

어쩌겠어! 배워야지

예전부터 운동을 해왔기 때문에 어린 시절 나의 꿈은 운동선수, 군인, 경찰 등이었다. 대회도 많이 나갔고, 초등학교 때 몇몇 학교에서 스카우트 요청도 들어왔었다. 이런 나를 기억하는 사람들은 애니고에 다니는 지금의 나를 보면 깜짝 놀랄 것이다. 어쩌다 운동을 하던 내가 그림을 그리게 되었는지 이야기해 보고자 한다.

정말 어린 나이부터 운동했고 꽤 여러 가지를 했다. 운동은 많이 할수록 성과가 나와 좋았고, (이런 마음을 가지면 안 되지만) 학교도 종종 빠질 수 있어 좋았다. 노력에 비해 결과도 우수했고 좋았던 점도 많았지만, 운동을 하면서 마음 한편에 고민이 쌓여가고 있었다.

'내가 운동으로 성공할 수 있나? 내가 이걸 좋아하나?'

'내가 운동하기가 좋아서 하는 걸까? 싫진 않은데 행복한가?'

성과가 나오니 행복하긴 했지만, 그저 칭찬에 집착해서 단편적으로 운동을 좋아하는 거 같았다. 내가 운동을 잘하는 편은 맞지만, 재능 있는 사람들은 너무 많았다. 이런 고민 끝에 체육 중학교가 아닌 일반 중학교에 입학하게 되었다. 중학교 생활을 되돌아보면 그냥저냥 다녔다고 표현할 수 있겠다. 초등학교 때 대회 때문에 수업에 많이 빠지기도 했고, 공부에 대한 의지가 적어 기초가 제대로 잡히지 않아 중학교 공부에 어려움을 느꼈다.

'내가 어떻게 해야지? 이런 머리로 대학은 갈 수 있으려나?', '고등학교는 잘 갈 수 있나? 가면 공부가 힘들겠지?' 하는 걱정이 꼬리에 꼬리를 물던 와중 어릴 때 내가 진짜 좋아하는 게 뭔지 다시 생각해 봤다. 잘하는 게 아닌 좋아하는 것을.

#

문득 어릴 때 그림을 좋아했던 게 떠올랐다. 좋아했던 취미를 생각해 냈지만 떠올리기만 했지, 본격적으로 그림을 그리지는 않았다. 끄적끄적 낙서하는 정도로 지내다 중학교 2학년 여름쯤에 마음을 먹고 그림을 시작하게 됐다.

생각해 보면 난 어릴 때 애니메이션을 정말 좋아했다. 특히 '나루토', '이누야샤', '페어리 테일', '개구리 중사 케로로', '소년탐정 김전일' 등 대부분은 소년 만화 같은 작품 또는 성장이 주된 내용인 그런 작품들이었다. 그러다 중학교 2학년 어느 날 어릴 때 좋아했던 인생 애니를 볼까 하고 제일 좋아했던 작품인 호소다 마모루의 '괴물의 아이'를 보게 되었다. 다시 한번 그 작품을 보고 나니 '나도 저런 애니를 만들고 싶다. 저런 이야기로 내가 표현하고 싶은 걸 마음껏 그려나가고 싶다'라는 생각이 들고 운명처럼 애니고의 존재를 알게 되었다.

애니고 진학을 마음먹고 열심히 공부하며 학원에 다니기 시작했다. 기초가 전혀 없어 미숙한 면도 많았고, 미술 학원 친구들 사이에 있으니 부족한 내 실력이 더욱 눈에 띄었다. 하지만 좌절하지 않고 '어쩌겠어! 나보다 훨씬 오래 그린 애들인데 배워야지'하고 마음을 다잡았다. 나보다 잘 아는 친구들에게 여러 가지를 물어보며 입시를 준비했다. 성적도 올리고 나름 그림도 사람같이 보이게 됐지만 아무래도 준비하지 못한 성적이 걸림돌이었다. 성적으로 1차 지원자를 선별하는 특별전형이 아닌 일반전형으로 애니고 입시 시험을 보게 되었다.

긴장은 딱히 하지 않았다. 자신감 덕분이라고 하기보다는 못 붙을 거 같다는 생각 덕에 정말 긴장이 되지 않았다. 그러다 보니 실기 시험장에서 살짝 잠들어버리는 해프닝이 일어났지만……. (졸리지 않을 정도의 적절한 긴장을 추천한다.)

걱정에도 불구하고 결국 애니고에 합격하게 되었다. 부모님이 정말 내가 합격한 거냐고 학교에 전화했던 게 너무 웃겨 가족끼리 웃었던 기억이 아직도 생생하다. 너무 좋은 학교라 기대를 크게 안 했지만, 합격이란 소식은 나를 너무나 기쁘게 해줬다. 이게 행복이라는 것을 느끼게 된 순간이었다. 그리고 좋았던 것은 반 친구들이 "우와!!"하고 감탄하며 축하해주고, 담임선생님과 진로 선생님이 직접 찾아오셔서 축하해 주신 게 감사하고 좋았다. 오래 다니진 않았지만 완전 바닥이었던 내 영어 성적을 높여준 영어 과외 선생님도, 또 부족한 나를 잘 가르쳐주신 수학 과외 선생님도, 마지막으로 부모님께도 정말 정말 감사했다. 애니고 입시를 준비하는 과정이 내 인생에 가장 큰 변화를 준 일이라 생각한다.

우연히 만난 내 안의 가능성

 어머니의 권유로 집 근처 생긴 미술 학원 취미반에 등록하게 되었다. 초등학교 이후로는 미술 학원을 다녀본 적이 없었기 때문에 새로운 경험이 될 것 같다는 생각이 들었다. 솔직히 처음에는 집에 오면 딱히 할 일이 없기도 하고, 그저 재미있어 보여서 가벼운 마음으로 신청했다.

 그런데 첫날에 선생님이 그림을 보시더니 "애니고에

관심이 없냐?"라고 물으셨다. 선생님께 듣기 전까지는 그런 학교가 있다는 사실조차 몰랐는데, 선생님은 내 그림체가 애니메이션이나 웹툰 쪽과 잘 맞는다고 말씀해 주셨고, 그 말이 마음속에 크게 남았다.

애니고에 대한 것은 단순히 흥미가 생긴 정도였고, 꼭 입시를 해서 가야겠다고 결심한 건 아니었다. 그저 취미로 배우면서 조금 더 그림을 해보고 싶다는 마음이었다. 하지만 시간이 지나고 돌아보니 그때 선생님이 해주신 한마디가 내 진로를 결정짓는 중요한 계기가 되었던 것 같다.

중학교 3학년이 끝나갈 무렵엔 학원을 그만두었고, 아무런 입시 준비 없이 애니고 실기 시험을 보러 갔다. 정말 간절히 합격하고 싶었다면 입시반에 들어가 준비해야 했을 것이다. 그때 학원을 그만둔 건 합격하겠다는 의지보다는 고등학교에 가기 전까지 조금이라도 더 여유롭게 지내고 싶었던 마음이 컸던 것 같다. 결국 무심코 다닌 학원, 그리고 선생님의 한마디가 지금 이 학교에 다니게 된 계기가 되었다.

돌이켜보면 그때 선생님의 짧은 한마디가 없었다면 지금의 나는 어떤 길을 걷고 있을지 알 수 없다. 단순한 취미로 시작한 미술 학원이었지만, 그 경험이 내 안의 가능성을 일깨워 주었고 결국 애니고에 다니는 지금의 나를 만들었다. 그래서 나는 앞으로도 우연처럼 스쳐 가는 순간 속에서 내 삶을 바꿀 기회가 숨어 있을지 모른다는 믿음을 가지고, 주어진 경험들을 소중히 받아들이며 나아가고 싶다.

#

실기 시험을 보던 날에 나는 이상할 만큼 긴장이 되지 않았다. 입시 준비를 본격적으로 한 것도 아니고, 실기 정보도 제대로 찾아본 적이 없어서 사실 붙을 수 있을 거라는 확신은 전혀 없었다. 그런데도 시험을 본다는 부담보다는 그냥 한 번 해보는 특별한 경험이라는 생각이 더 컸다.

그래서인지 당일에도 중요한 시험이라는 느낌보다는 마치 동아리 과제를 하러 간 듯한 기분이었다. 게다가 그날은 컨디션도 유난히 좋았고, 주제도 어렵지 않게 나와서 마음이 훨씬 편했다. 보통 너무 긴장을 안 하면 오히려 실수하기 쉽다고 하지만 나는 오히려 마음을 놓은 덕분에 실수 없이 시험을 잘 볼 수 있었다.

돌이켜보면 그날의 실기 시험은 내가 가장 편안하게 본 시험이었다고 할 수 있다. 만약 애니고 입시를 준비하는데 자신감이 없는 학생이 있다면, "그냥 경험 삼아 해봐!"라고 말해주고 싶다. 이런 마음으로 임하면 의외로 좋은 결과를 얻을 수도 있으니 스스로를 믿었으면 좋겠다.

자연을 배우고,
느낄 수 있는 환경에 감사

막연하게 좋아하던 그림이 꿈이 되어서 도전을 하게 되고 좋아하는 걸 직업으로 갖는 건 아주 운이 좋은 일인 것 같습니다. 누구나 좋아한다고 해서 꿈을 이루는 것도 아니고 더구나 그걸 업으로 하는 사람은 드물겁니다. 내가 평생 할 일이 내 꿈이고 직업이라면 행운아 일거라 생각됩니다.

애니고에 진학하면서 꿈에 좀 더 가깝게 가는 일도 중요하지만 기숙생활을 통해 아이들이 또 다른 사회를 배우고 사람을 알고 한층 더 업그레이드되는 거 같아 부모로서 뿌듯함을 느낍니다.

목표를 일찌감치 잡고 그 방향성을 잘 잡아가는 아이들이 기특하고 대견하고 사랑스럽네요. 마냥 어린애 같던 아이가 독립을 하게 되고 스스로 계획을 세우며 꿈을 이루기 위해 힘든 과정이 있음에도 잘 이겨내는 거 같아 보기가 좋습니다.

각박한 도심에서 살다가 춘천이란 곳에서 지내는 아이들이 자연을 배우고 자연을 느낄 수 있게 되서 너무 좋은 환경에 있는 거 같아 부럽기까지 하네요. 좋은 사람들과 반짝이는 별도 보고 풀냄새도 맡아가며 부디 더 좋은 날들을 보냈으면 합니다.

꿈을 찾아 떠나는 산책

chapter

2

또 하나의 집

하루 끝, 기숙사에서 찾은 나만의 시간 마루

하루를 닮은 반복 개미

헤맨 만큼 내 땅이니까 HB

습관은 삶을 정돈한다 두부과자

바람도 소란도 산책과 함께 잦아 들거야 개미의 어머니

그림 - 개미

하루 끝, 기숙사에서 찾은 나만의 시간

 학교에 다니면서 학교생활만큼 중요한 게 기숙사 생활인 것 같다고 느낀다. 애니고에 오고 싶어 하는 학생들이라면 기숙사 역시 학교만큼 기대하고 있을 거라고 생각한다. 기숙사에서는 학교와는 또 다른 사회 속에서 새로운 인간관계와 규칙들을 만들어 가면서 많은 것들을 배워간다. 사실상 학교에 입학하면 학교보다도 먼저

가게 되는 게 기숙사이다. 입학 전날, '어떤 친구들을 만날까?', '선생님은 어떤 분일까?', '전공 수업은 어떠려나?' 등 수많은 궁금증과 설레는 마음을 안고 처음 보는 친구와 내일을 기다리며 잠에 들었던 게 애니고에서의 첫 기억이다. 기숙사에 와서 가장 적응이 어려웠던 것은 공동체 생활이었다. 룸메이트가 생기고, 아침저녁으로 점호에 참여하는 건 아직도 적응이 안 된다. 전국 곳곳에서 오는 학교인 만큼 기숙사에서 만나게 된 룸메이트는 나와 살아온 환경이 완전히 달랐다. 첫 룸메이트는 같은 반 짝꿍 친구였는데, 정말 감사하게도 친절하고 배려심 많은 친구를 만났고, 성격도 잘 맞아서 기숙사 생활에서 룸메이트에 대한 걱정은 없었다. 학교생활의 시작을 함께한 만큼 많이 의지가 됐고 도움도 많이 받았다. 기숙사도 고등학교도 둘 다 처음이었지만, 그래서 더 서로 의지할 수 있었던 것 같다.

또 기숙사에선 모든 일을 내가 스스로 해내야만 했다. 학교에 갔다 오면 빨래도 해야 하고, 한 달에 한 번씩은 대청소도 해야 했다. 태어나서 처음으로 화장실, 욕실

청소를 해봤다. 정말 힘들었고, 부모님께 조금 죄송한 마음이 들었다. 청소 검사 첫 후기는 "이걸 매달 해야 한다고?"였다. 아직도 청소 날이 다가올 때면 스트레스를 받는다. 그래도 룸메이트도 있고 내 집이라는 책임감을 느끼고 열심히 하고 있다. 가장 힘든 건 가족과 떨어져 있다는 것이다. 특히 부모님과 떨어져 있는 게 너무 속상했다. 매일 밤 엄마가 보고 싶고 집에 있을 고양이가 보고 싶다. 하지만 기숙사에도 가족 같은 친구들과 사감 선생님이 있어 잘 적응해 가고 있는 것 같다. 다들 너무 잘 챙겨줘서 항상 고마워하고 있다. 사람이 적응하는 데 가장 중요한 역할을 하는 건 결국 사람인 것 같다.

#

학교를 제외하면 모든 시간을 기숙사에서 보내는 만큼 기숙사 생활을 하면서 사소한 루틴도 자연스럽게 생겨난 것 같다. 대체로 그날의 우선순위에 따라 달라지는 것 같다. 아침에는 점호가 있다 보니 항상 7시 15분에 눈을 떠야만 한다. 물론 나는 점호를 하고 40분까지 다시

잔다. 나에겐 그 25분이 너무 소중하다. 그 25분을 더 자는 것만으로 일어나기 싫었던 마음이 조금 가라앉는다. 룸메이트보다 조금 일찍 일어나기 때문에 어둠 속에서 화장한다. 기숙사 생활을 해서 그런가 이렇게 꾸미고 다니는 친구들은 별로 없지만 개인적으로는 꼭 화장하면서 하루를 시작한다. 화장하면서 오늘은 어떤 하루가 될지, 오늘 날씨는 어떤지 생각하다 보면 잠도 깨고 깔끔해진 나를 보면 기분도 좋아진다.

학교가 끝나면 너무나도 그리웠던 기숙사에 돌아온다. 이젠 기숙사가 거의 집이다. 왔을 때 마음 편하고 잠 잘 오는 정도면 충분히 집이라고 할 수 있다고 생각한다. 기숙사에 오는 것만으로도 하루의 피로가 녹아내리는 기분이 든다. 기숙사에 오면 다른 것보다 먼저 일단 씻는다. 할 일을 정리해 놓고, 따뜻한 물로 씻는 시간을 개인적으로 정말 좋아한다. 욕조도 없고 좁은 샤워실뿐이지만 하루를 마무리하는 몇 없는 개인적인 시간이기 때문에 이렇게 행복할 수 없다. 점호 전까지 나머지 시간은 거의 과제를 하며 보낸다. 노래를 들으면서 그날

할 일을 하는데, 나름 좋아하는 일정이다. 좋아하는 노래를 마음껏 틀어놓고 할 일이 있다는 게 좋다. 물론 재미없는 과제는 싫지만, 하고 나면 뿌듯하다. 1학년 때는 뭐가 그렇게 바빴는지 새벽까지도 과제를 하는 일이 많아 힘들긴 했지만, 2학년인 요즘은 최대한 일찍 자려고 한다. (그러려고 했었지만 점점 과제가 많아져서 또 1학년 때처럼 되어버렸다.)

읽으면서 느꼈겠지만, 생각보다 학교 내에서 해결하는 과제보다 개인적인 시간을 써야 하는 과제가 많다. 애니고 진학을 희망한다면, 꼭 미리 계획적으로 생활하는 습관을 들여놓기를 추천한다. 한번 밀린 과제는 결국 큰 파도가 되어 돌아온다. 다른 과는 어떨지 모르겠지만 (애니고에는 만화과, 애니과, 방송영상과가 있다.) 만화과는 정말 하루이틀 걸려 끝나기보단 장기간 쌓아가듯 완성해야 하는 과제들이 대부분이기 때문에 마감 기간이 중요한 과제들이 많고, 과제 마감일과는 별개로 시간 관리가 정말 중요하다. 개인적인 팁으로는 다들 아이패드로 그림을 많이 그릴 텐데, 아이패드에 기본으로 있는 캘린더 기능을 적극적으로 사용하는 것이다. 미리 시간 분배만 해놔도 마감 기간 관리하기 정말 수월하다. 웹툰 그릴 때는 필수라고 생각한다. 하루하루 목표치가 있고 없고의 차이가 꽤 크게 삶의 질을 좌우한다. 괜히 밤새우지 말고, 계획적인 생활을 하도록 하자.

 잘 준비를 하기 전에 꼭 부모님께 전화나 카톡을 하며 대화를 나누는 시간을 갖는다. 내가 부모님이 보고 싶고 가족들이 걱정되는 것 이상으로 부모님도 나를 걱정하고 보고 싶어 하실 걸 아니까 최대한 하루도 빼먹지 않고 연락을 드리려고 노력하는 것 같다. 아무리 현실이 바쁘고, 옆에 없더라도 0순위는 가족이다. 나에겐 부모님이 친구보다도 가깝고 누구보다 힘이 되어주는 존재이기 때문이다. 다들 기숙사에서 생활하다 보면 당장 옆에 있는 친구들이 너무 좋고, 자유로운 시간이 반갑겠지만 가족의 소중함을 잊지 않길 바란다. 누구보다도 우리의 도전을 진심으로 응원해 주고 있는 사람들이니 말이다.

 하루를 마무리하며, 침대에 눕는다고 쉽게 잠드는 편이 아니라서 잠들기 위해 꼭 하는 일들이 정해져 있다.

커튼과 담요로 침대 주변을 둘러 빛을 차단한다. 애니고에 오게 되면 늦게까지 작업을 하는 친구들도 있다 보니 잘 때 스탠드 불빛이 꽤 신경 쓰인다. 예민한 편이 아니어도 건강한 수면에 도움이 된다고 하니 암막 기능이 있는 수면 안대를 사는 걸 적극 추천한다. 생활 방식이 안 맞는 경우가 많은데 이렇게 하면 서로 마찰이 생길 일이 없다. 잘 준비를 마치고, (잠자기 전에 핸드폰을 보는 게 좋지 않다는 건 알지만) 하루 종일 못 본 웹소설을 몰아서 읽는다. 전에는 웹툰을 주로 봤지만, 요즘에는 웹소설을 더 많이 읽는 것 같다. 웹소설은 웹툰과 다르게 상상할 수 있는 영역이 많아서 좋은 것 같다. 어떨 때는 그런 부분이 어렵기도 하지만, 글을 잘 쓰는 작가님들의 글은 막힘없이 잘 읽힌다. 웹툰의 밑바탕에는 결국 글이 있다. 글이 받쳐주지 않으면 결코 좋은 웹툰이 될 수 없다. 그래서 좋은 글은 어떤 것인지 궁금해져 요즘에는 웹소설에 더 관심이 가는 것 같다. 자기 전에 좋아하는 작가님의 웹소설을 읽다 보면 1시간이 훌쩍 지나가긴 하지만, 하루 중에 가장 행복한 순간이다. 그날의 근

심거리는 사라지고 내일로 나아갈 힘을 얻는다. 또는 좋아하는 스트리머의 방송을 틀어놓고 자는데, 나긋나긋한 목소리를 듣고 있다 보면 잠이 잘 온다. 매일 그렇게 비슷하면서도 새로웠던 하루를 마무리한다.

하루를 닮은 반복

　기숙사 생활은 처음이라 익숙하지 않았다. 갓 1학년이 된 나에게 기숙사란 정말 낯선 곳이었다. 마치 새로 이사를 한 집처럼 보였다. 집에서 부모님이 뭐든 다 해주셔서 할 줄 아는 게 없었던 나에겐 기숙사 생활이 정말 어려웠다. 청소도 설거지도 침구 정리도 심지어 벌레 잡기도 뭐든 혼자 해야 했다. 특히 벌레 잡기가 제일 힘들었다……. 징그러운 것들은 조금만 모습을 비춰도 방이 난리가 나버려서 제일 골치 아픈 녀석이었다. 그렇지만 시간이 지남에 따라 작고 귀찮은 벌레들 정도는 무시할 수 있게 되었다. 아무래도 매일 보는 녀석들이니까 이젠 이름까지 지어 줄 정도로 친해진 기분.

벌레에 익숙해진 것처럼 뭐든 여러 번 보고 하다 보면 요령이 생긴다. 첫 청소 검사 때에는 제대로 한 곳이 별로 없어서 무한 재검사를 받았었다. 아무리 청소해도 계속 흠이 생기니 분하기도 하면서 짜증 나고 정말 힘들었다. 그래서 다음부터는 아예 더러워지지 말자고 다짐해서 쓰레기를 제때 버리고 더러워지는 것은 바로 정리했다. 그러니 조금 나아져서 청소 검사가 할 만해졌다. (근데 아직도 창문과 거울 닦기는 익숙해지지 못해서 여전히 애를 먹고 있다.) 물론 걸리는 시간은 우리의 노동력을 한껏 바쳐 어느 정도 줄어들게 되었다.

이 얘기만 들어보면 기숙사가 힘든 곳이라고 생각할지도 모르지만 좋은 점도 있다. 첫 번째로는, 학교가 바로 앞에 있어서 등교 시간이 짧다는 점이다. 물론 늦잠을 자면 벌점은 받아도 무단 지각까지는 받을 일이 없다. 덕분에 소중한 잠을 조금 더 잘 수 있다.

두 번째로는 친한 친구와 더 가깝게 지낼 수 있다는 점이다. 학기마다 원하는 친구와 방을 같이 쓰게 된다. 친한 친구와 하루의 절반을 함께 한다는 건 무척 재밌는 일이라, 기숙사에만 오면 시간이 엄청 빠르게 지나간다. 하지만 청소 검사나 수면 패턴 등 생활에 있어 다른 점이 있을 수 있어 싸우는 일도 잦으니 잘 맞는 친구랑 쓰는 게 좋다. 더 친해질 수 있고, 기숙사 생활이 즐거워지는 아주 중요한 이벤트(?)이니 말이다.

세 번째는 무섭거나 외롭지 않다는 점이다. 혼자 자는 게 외롭거나 무서운 사람들에겐 이만큼 좋은 게 없을 것이다.(나처럼…) 자기 전에 친구와 수다를 떨고, 침대가 1인용이라 작지만, 같이 누워 잘 수도 있다. 그게 아니면 그리 편하진 않지만, 바닥에 이불을 깔고 잘 수도 있다. 그래서 아무리 무서운 괴담을 들어도 친구와 함께 자니 덜 무서워 편하게 잘 수 있다. 나는 아침에 점호하고 나면 바로 머리를 감는 편이다. 귀찮고 졸리지만 잠이 깨기 위해선 아침에 무언가 활동을 해주어야 한다. 그래서 방 정리도 씻고 난 후에 바로 해주는 편이다. 저녁에 감고 아침에 더 자고 옷만 입고 나가는 건 정말 편하지만, 난 이미 아주 게으르기 때문에 더 게을러져선 정말 짐승이 되어버릴지도 몰라 이런 나만의 루틴을 만들었다. 나 말고도 게으른 사람이 있다면 이런 사소한 습관만으로도 루틴이 된다는 걸 알았으면 한다.

일주일을 대부분 기숙사에서 지내야 하는 특성상, 일상이 쉽게 지루해진다. 하지만 우리 기숙사는 다른 방의 출입이 자유로워서 지루할 땐 친구네 방에 가서 즐겁게 놀면 된다. 외로움을 많이 타는 나에겐 기숙사에서 친구와 노는 것이 에너지를 채워주는 일이다. 물론 당연하게도 밤늦게 다른 방에 가거나, 시끄럽게 떠들면 안 된다. 이런 기숙사는 규칙만 잘 지키면 나한테는 정말 최적의 공간이라고 할 수 있다.

#

기숙사 이외의 루틴이라면, 밥을 먹고 난 뒤 바로 산책하기가 있다. 이건 정말 최근에 들인 습관인데, 밥을 먹고 산책하는 건 바쁜 일상에 여유를 찾아줄뿐더러 건강에도 정말 좋다. 진작 이렇게 행동했으면 지금보다 살이 덜 쪘을 텐데……

산책하며 학교에 피어있는 꽃들을 보고, 다양한 새들과 만나보고, 싱그러운 풀 냄새를 맡으면 정신이 맑아진다. 매일 똑같은 곳을 걷는데도 보고 듣는 것이 달라 새로운 재미를 찾게 된다. 마음이 불편하고 울적할 때도 천천히 산책로를 따라 아무 생각 없이 걸으면 조금이나마 편해진다.

더 좋은 점은 우리 학교가 춘천 외곽 자연 속에 둘러싸여 있다는 점이다. 학교 내에 피어있는 꽃 말고도 저 멀리 산과 강을 볼 수도 있고, 도시의 소음 말고 새들의 노랫소리와 나뭇가지와 잎이 바람에 흔들리는 소리를 들을 수 있다. 이 점이 참 좋다. 그렇게 아침, 점심, 저녁 산책을 끝내면 벌써 하루가 거의 저물어 간다.

방과후가 끝나고 학교를 나오면 꼭 하는 게 한 가지 있다. 바로 검게 물든 하늘을 올려다보는 것. 그러면 조용히 빛나고 있는 별들을 볼 수 있다. 정말 작은 점의 형태로 보이지만 사실은 엄청나게 큰 별이 단지 멀리 떨어져서 빛나고 있는 거다. 그런 별들을 보며 '나도 멀리서 봐도 빛나는 사람이 되고 싶다'라고 생각하고 내일은 어떻게 지낼지를 생각하며 하루를 끝마친다.

헤맨 만큼 내 땅이니까

 솔직히 고백하자면 애니고 입학 후 1학년 때는 학교생활의 루틴이 딱히 없었다. 학교 과제를 하기도 바빴고 모든 게 혼란스럽고 처음인 게 많았기 때문이다. 나만의 학교생활 습관은 고등학교 2학년 때부터 만들어졌다.
 일관된 생활 습관을 만들어야겠다고 다짐하게 된 마음가짐은 사실 단순했다. '나는 다른 친구들보다 그림을 늦게

그려 작업 속도가 더디고 절대적인 노력의 양도 다르니 내가 따라잡기 위해서 더 노력해야 하지 않을까?'하고 생각했다.

그렇게 만든 나만의 루틴은 조금 단순하지만 조금 어렵다. 바로 하루에 그림 공부 2시간 이상 하기다. 꼭 2시간이 아니더라도 아파서 몸이 안 좋을 때라도 조금이라도 공부하자는 의미로 루틴을 지켜나갔다. 2시간은 별것 아닌 것 같아도 생각보다 매일 실천하는 건 정말 어려웠다. 어렵고 힘들고 하기 싫어도 꾸준히 해야 한다. 이런 것도 안 하고 그림을 잘 그리고 싶다고 하는 건 좀 모순된 행동이라고 스스로 생각했다.

누구나 시작은 힘들다. 근데 하다 보면 습관이 되고 일상이 된다. 습관 덕분에 지금의 나는 예전보다 그림 실력이 훨씬 좋아졌다. '그림은 많이 그리면 는다'라는 말을 처음에는 안 믿었었지만 짧은 시간 동안 내 실력이 향상된 걸 보고 지금은 믿게 되었다.

너무 길게 하지 않아도 괜찮다. 나와 같은 고민을 하는 친구들이 있다면 나처럼 직접 해보고 느껴보면 좋겠다. 대단한 루틴이 아니라도 아주 아주 사소하고 간단한 것이라도 루틴을 만들었으면 좋겠다. 만들어두면 하루마다 의미가 생길 것이다.

#

이따금 그림 때문에 번아웃과 슬럼프가 오거나, 지금 하고 있는 것에 대한 회의감이 들 때가 있다. 나 역시 최근 번아웃을 겪었다. 아무것도 하기 싫고 모든 의지를 잃어버린 경험이었다. 너무 끔찍했고 다시는 겪고 싶지 않은 공포다.

백지가 무서워졌다. 뭔가를 그리려고 하는데 아무것도 할 수 없었다. 생각이 멈춰지고 알 수 없는 두려움에 갇혔다. 백지를 자각하는 순간 머릿속도 백지가 되어버렸다. 이런 감정을 이기기 위해 잠시 그림과 멀어지고 산책했다. 몇시간 동안 아무 생각 없이 어둠 속에 혼자 있는 것보단 잠시 주변을 돌아보고 생각 정리를 하는 게 좋을 것 같다고 판단해서이다.

산책을 통해 마음이 조금 진정되었을 때, 두려움을 이기기 위해 크로키와 모작을 시작했다. 백지를 무서워하는 근

본적인 이유가 무엇인지 고민한 결과, '무엇을 그려야 하는가?'에 대한 두려움이 제일 크다는 사실을 깨닫게 되었다. 보고 따라 그리면 되는 크로키와 모작을 도피처로 생각하였다. 내가 기대했던 것보다 효과가 너무나 좋았다. 지금도 가끔 머릿속이 백지가 되려고 할 때 이 방법을 많이 쓴다.

그런 일이 있다. 그림이 아니더라도 어떠한 분야에서 나보다 나이가 어림에도 불구하고 실력이 뛰어난 사람이 보일 때.

"nn 연생이 나보다 잘 그린다고?", "아, 나가 죽어야겠다", "이거 그냥 포기할까?"

친구들은 이런 일을 직면하면 볼멘 목소리로 부정적인 말들을 늘어놓는다. 하지만 난 그렇게 생각하지 않았으면 한다. (물론 나 역시 그렇게 생각했던 때가 있었지만, 지금은 아니다.)

'저 사람도 저 실력을 갖추기 위해 그만큼의 노력했을 거야. 나도 저렇게 노력하면 저렇게 할 수 있어. 나도 노력해야지.'라고 생각하면 어떨까?

생각보다 1~5살 차이는 10대 때나 커보이지 나이가 들면 생각보다 크지 않다. 그래서 조금 어리다고 너무 상심하지 않길 바란다. 우리가 도달할 정점은 비슷하나, 그저 조금 빠르게 가는 것뿐이라고 생각하면 좋겠다.

나의 성장에 도움이 됐던 말을 소개하고 싶다. 어떤 유튜버가 한 외국인을 인터뷰하며 '나도 당신처럼 여행을 해보고 싶다'라고 던진 말에 외국인이 대답한 이야기이다.

"무엇이 당신을 붙잡고 있나요?"

마음이 관통당하는 기분이었다. 이 문장은 날 다시 생각하게 만든다. 고민해 봤지만, 아직 난 이 물음에 대답할 수 없다. 사람마다 다르겠지만 이 질문에 대한 답변을 생각해 보는 시간을 가졌으면 좋겠다. 나의 꿈과 목표를 붙잡고 있는 것이 무엇일지 생각해 보며 말이다.

마음이 힘들 때 나는 이 문장을 보거나, 지금까지 꿈을 이루기 위해 했던 공부한 흔적들을 찾아본다. 그럼, 마음이 괜찮아진다. 좋아하는 일이지만 더 이상 못할 것 같아 좌절하는 마음이 들 때, 잠시 멈춰서서 무엇에 만족하고 무엇을 좋아했는지 되돌아봤으면 한다.

마지막으로 모두가 행복하게 자신을 표현하고 자신의

미래를 그려나갔으면 좋겠다는 말을 전하고 싶다. 못한다고 좌절하지 말고, 계속 나아갔으면 한다. 헤맨 만큼 내 땅이니까.

습관은 삶을 정돈한다

 기숙사 학교에 다니게 되면서 혼자 해결해야 하는 일들이 자연스럽게 늘어났다. 집에서는 부모님이 챙겨주셨던 사소한 일들도 기숙사에서는 직접 해야 했기 때문에, 처음에는 조금 귀찮고 번거롭게 느껴졌다. 하지만 월요일부터 목요일까지 기숙사에서 생활하다 보니 금세 익숙해졌다.

 기숙사에서는 학교 수업을 마치고 돌아오면 시간이

많지 않다. 들어오는 시간이 늦고, 늦게 잠자리에 드는 것도 몸에 부담이 가서, 그런 것까지 생각해 보면 자기 전까지 남은 시간은 생각보다 짧다. 그 안에 필요한 일을 끝내야 했기 때문에 자연스럽게 요일별로 해야 할 일을 정해두고 지키게 되었다. 예를 들어 쓰레기는 화요일과 금요일에 버리기로 했고, 빨래는 수요일에 한 번에 몰아서 하는 게 편했다. 처음에는 따로 메모하거나 알람을 맞춰두었는데, 시간이 지나면서는 굳이 알림이 없어도 몸이 먼저 움직였다. 정해진 요일에 같은 일을 반복하다 보니 일종의 생활 루틴이 만들어진 셈이다.

시간이 촉박하다 보니 일을 미루면 금방 쌓여서 더 귀찮아진다. 그래서 루틴을 만들어, 같은 요일에 처리하면 나중에 한꺼번에 힘들게 할 일이 줄어들어 훨씬 편했다. 작은 일이지만 스스로 계획하고 해내는 게 점점 익숙해지면서, 기숙사 생활도 훨씬 수월해졌다.

돌이켜보면 기숙사에서 스스로 생활 루틴을 만들어 지켜낸 경험은 단순히 일상을 편하게 만든 것에서 그치지 않았다. 책임감이 생겼고, 스스로를 관리하는 방법도 배울 수 있었다. 앞으로 어떤 환경에 놓이더라도 나만의 방식으로 질서를 세우고, 그 속에서 더 단단해질 수 있을 거라 믿는다.

#

고등학교 입학 후 내가 가장 먼저 정한 루틴은 아침 일찍 일어나 밥 먹기 전 하는 산책이었다. 식사 시간 20분 전쯤 기숙사 문을 나서 학교 주변을 걷는다. 우리 학교는 숲속에 있어서 나무가 많고, 새소리도 들려서 아침 공기를 마시며 걷기만 해도 머리가 맑아졌다. 날씨가 너무 춥거나 비가 오는 날만 빼고 웬만하면 매일 나갔다. 처음에는 단순히 기분 전환을 위해 시작했는데, 어느새 습관이 되었다.

아침 산책은 밥 먹기 전에 나와서 걷기만 하면 되기 때문에 꾸준히 할 수 있었다. 덕분에 아침밥도 거르지 않았다. 산책을 마치면 딱 아침 식사 시간이어서 바로 급식소로 향했다. 산책하지 않은 날보다 몸이 가볍고 식사도 잘 됐다. 이렇게 시간을 정해둔 루틴은 지키기 어렵지 않았고, 나에게 잘 맞았다.

이 습관은 다른 일에도 이어졌다. 원래 주말엔 늦게 일어나는 편인데 루틴이 자리 잡고 난 뒤로는 평일과 한두 시간밖에 차이가 나지 않게 됐다. 작은 일도 꾸준히 반복하면 몸에 배어 힘들이지 않고 할 수 있다는 걸 느꼈다.

기숙사에서는 과제, 정리, 청소 등 혼자 챙겨야 할 일이 많다. 미리 정해두지 않으면 금방 쌓여서 불편해진다. 그래서 나는 그날 할 일을 만들어 지키려고 했다. 기숙사 생활 덕분에 스스로 계획을 세우고 관리하는 습관이 생긴 셈이다.

결국 이런 생활 방식 덕분에 시간과 할 일을 관리하는 데 익숙해졌다. 내가 만든 루틴 덕분에 아침 산책도 하고, 밥도 잘 챙겨 먹고, 쓰레기와 빨래도 미루지 않았다. 별것 아닌 습관이지만 생활을 정돈해 주었고, 학교생활도 훨씬 편해졌다.

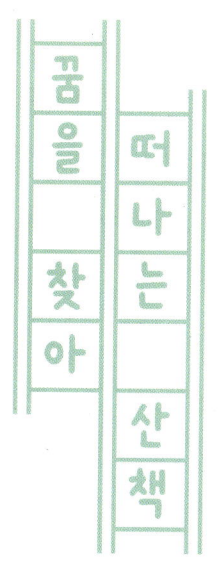

꿈을 찾아 떠나는 산책

바람도 소란도 산책과 함께
잦아 들거야

너의 마음속 바람도
힘든 마음의 소리도
산책과 함께
잦아들게끔
항상 응원해

chapter

3

인연
참 좋은 사람들

사람만이 줄 수 있는 것들에 대하여 머루

새긴 인연 개미

고마운 인연들 HB

걷기가 준 선물 두부과자

너의 꿈을 찾아가는 모습 HB의 어머니

그림 - HB

사람만이
줄 수 있는 것에 대하여

 애니고에 온 뒤, 중학교 때에 비해 학교에서 만날 수 있는 사람의 수부터가 정말 적었다. 그렇지만 학교에 다니면서 좋은 사람을 만나는 데 필요한 조건이 많은 수의 사람이 아닐지도 모른다는 생각이 들었다.

 학교에서 만난 인연 중 기억에 남은 친구는 아무래도 첫 룸메이트인 것 같다. 지금까지 본 적 없는 성격의 사람이었고 새로웠다. 첫인상이나 지금이나 '사람이 이렇게 친절할 수 있나?'라는 생각이 드는 친구이다. 내가 그 친구에게 어떤 사람이었을지는 모르겠지만, 나에겐 만날 수 있었음에 고마운 사람이다. 내가 본 그 친구는 사소한 것에도 감사하고 기쁨과 슬픔을 잘 표현하는 성격이었다. 나는 그전까지 그렇게 밖으로 표현하는 법을 잘 모르던 사람이었는데 그 친구를 통해 감정을 표현하는 법에 대해 많은 걸 배운 것 같다. 고맙다는 말에서 오는 기쁨이 크다는 것을 알게 되었다. 신기하게도 출신 지역이 같았는데, 그래서 초반에는 함께 등하교도 했었고, 같은 반 짝꿍인 만큼 정말 하루 종일을 함께 했었다 해도 과언이 아니었다. 그만큼 의지도 많이 됐고, 애정이 깊은 친구인 것 같다. 그렇게 붙어 다녔는데 한 번도 안 싸운 것도 신기하다. 고등학교에서의 시작과 중요한 순간들을 함께한 친구인 만큼, 그 친구의 인생에도 부디 내가 좋은 기억으로 남았기를 바란다.

\#

학교에서 만난 사람이라면 역시 선생님을 빼놓을 수 없다. 살아오면서 많은 선생님을 지나쳐왔지만, 애니고 선생님들만큼 한명 한명이 나에게 좋은 선생님들인 건 흔치 않은 경험인 것 같다. 고등학교 1학년 애니고에 입학하고 처음으로 만난 담임선생님은 엄마 같은 선생님이었다. 기숙사 생활을 하는 만큼 의지할 수 있는 어른이라곤 담임선생님밖에 없으니, 담임선생님이 어떤 사람일지, 잘 안 맞는 사람은 아닐지 걱정을 많이 했는데 첫 담임선생님은 진심으로 우리를 사랑으로 보듬어 주시는 게 보였고, 학생 한명 한명을 챙겨주시는 섬세한 마음이 정말 감사했다. 그 누구도 소외되지 않게 정말 잘 챙겨주셔서 신기할 정도였다. 그 부분이 정말 대단하고 존경스러웠다. 내가 생각하는 선생님이란 그저 똑똑하거나 멋있는 안경을 썼다거나 그런 사람이 아니라 존경할 만한 부분이 있고 배울 점이 있는 사람인 것 같다. 여러모로 내 인생에서 가장 '선생님'이라는 말이 잘 어울리는 분이셨다. 살던 지역을 떠나 타지에서 부모님도 없이 처음 시작한 독립적인 생활이 힘겹고 외로운 우리에게 정말 엄마 같은 존재가 되어주셨다. 든든한 내 편이었고 그 누구보다 믿음직한 선생님이 되어주셨다. 덕분에 반 분위기도 좋았고, 1학년 때 반 친구들과 지금까지도 좋은 인연으로 이어올 수 있었던 것 같다.

가장 새로웠던 선생님은 보건 선생님이었다. 초등학교, 중학교 시절에는 보건실이 불편한 곳이었고 보건 선생님들은 기억도 잘 나지 않을 정도로 어려운 사람들이었다. 그 당시 보건 선생님은 크게 아픈 게 아니라면 보건실에 오지 못하게 했었다. 그 외에 대화를 나누거나 만나는 일은 일절 없었다. 그런데 애니고에 와서 만난 보건 선생님은 지금까지 알고 있었던 보건 선생님과는 많이 달랐다. 보건실에 대한 이미지를 완전히 바꿔주신 선생님이다. 보건실이 편하다는 걸 처음 느꼈다. 보건실에 갈 때마다 살갑게 맞아주셔서 보건실에 아파서가 아니라 선생님을 만나러 가는 일이 많아졌던 것 같다. 처음 보건실에 발을 들이기 시작한 건 선생님이 데려오셨던 금붕어 '감자'와 '당근'이를 보러 갔던 일이 계기였던 걸로 기억한다. 매일 보건실에 금붕어 밥을 주러 가고, 물도 갈아주며 선생님을 만나 이야기하고, 교실과는 또 다른 안정감을 주는 공간이 되었던 것 같다. 몸이 주기적으로 자주 아픈 편인데 보건실이 편안한 공간이 되니까 오히려 조퇴하거나 학교를 나오지 않는 일이 없어진 것 같다.

 2학년에 들어서며 보건 선생님과 함께하는 건강 걷기라는 방과후 활동을 하게 되었는데, 몇 명의 친구들과 학교 밖 산책로와 강 근처를 걸으며 이야기도 나누는데 매일 학교에만 갇혀 있다가 학교 안에서는 배울 수 없는 바깥세상의 이야기를 직접 보고 느끼는 게 의미 있었다. 새로운 사람들을 만나고, 몰랐던 장소에 가보았다. 약국 앞의 길고양이들 역시 걷지 않았다면 볼 수 없었을 거다. 지금도 덕분에 이렇게 처음으로 친구들과 책도 만든다는 기회를 만들어 주신 선생님께 정말 감사하다는 말씀을 드리고 싶다. 나는 사람을 정말 좋아한다. 사람만이 줄 수 있는 것들이 있고, 같은 하늘 아래 살아가는데 정말 다양한 생각을 하며 살아간다. 나에게 좋은 영향을 주는 사람들이 모여 있는 곳에 있을 수 있음에 감사하다.

새긴 인연

나는 애니고에 오고 나서 정말 많은 친구를 사귀었고, 친구들 덕분에 나에 대해 더 깊이 생각해 볼 수 있는 기회를 가질 수 있었다. 친구들과의 관계를 통해 새롭게 알게 된 것도 많았고, 사람들 속에 있으면서 조금씩 바뀌는 내 모습에 스스로 놀라기도 했다. 고등학교에 오면 무언가 바뀐다는 건 정말 사실인 것 같다.

앞서 말했듯이 나는 중학교 3학년 때 겪었던 일로 사람과 말하는 것이 무서울 정도로 두려웠고, 자존감이 엄청나게 떨어진 상태였다. 새로운 사람들과 어울리는 것이 불가능할 거라고 믿었고, 어른들은 여전히 날 싫어할 거라고 생각했다. 하지만 내 생각은 완전히 빗나갔다.

애니고에서 처음 만났던 1학년 같은 반 친구들과 선생님들은 전부 내 인생 최고의 좋은 사람들이었다. 혼자 그림을 그리고 있었을 때 "우와 잘 그린다!", "뭐 그리고 있는거야?"라고 말을 걸며 다가와 준 친구들과, 즐거우면 된 거라며 우리들을 웃게 해 주신 담임선생님의 얼굴이 생각난다. 학기 초였음에도 우리 반은 마치 몇 년을 함께한 것처럼 금세 친해졌고, 서로를 배려하며 웃을 수 있는 분위기가 만들어졌다.

그중에서도 특히 날 크게 바뀌게 해준 친구들이 몇 명 있다. S라는 친구와는 학기 초에 짝꿍이 됐었던 적이 있었다. 금방 편해진 우리 반의 분위기를 따라 조심스레 장난을 쳤다. 그걸 계기로 장난을 주고받으며 여러 번 짝꿍이 되고, 과제도 여러 번 같이 하고, 서로 좋아하는 것에 관한 이야기를 나누며 금방 친해졌고 바로 1학년 2학기 룸메이트가 되었다.

S는 어찌 보면 내 학교생활을, 내 앞으로의 삶을 바꿨을지도 모른다. 나와 룸메이트가 되었을 때, 내 게으름에 감탄한 S는 나보다 꼼꼼한 성격이라 내가 하는 짓마다 잔소리를 늘어놓았다. 예를 들어 분리배출을 똑바로 하지 않으면 제대로 다시 하라던가, 시험 기간에 빈둥거리고 있으면 공부하라고 하거나 등등……. 덕분에 내 나쁜 습관들을 몇 개 고치고 더 책임감이 생겼다.

우리 둘은 좋아하는 관심사라던가 캐릭터의 취향이 처음엔 완전히 달랐었다. 하지만 서로 좋아하는 것을 공유하다 보니 나는 자연스레 취향이 완전히 바뀌어있었다. 원래 하던 게임들은 거의 그만두고 새로운 게임을 시작했고, 그리는 캐릭터들도 전부 바뀌었다. 어느새 S와 좋아하는 것을 완전히 공유하고 있던 것이었다. 우리는 주말에 만나 같이 놀기도 하며, 슬프고 힘든 일은 위로를 건네주기도 했다. 이렇게 빨리 친해지고 의지하게 된 친구는 S가 처음일 것이다.

애니고에서의 시간은 단순히 그림을 배우는 것을 넘어, 두려움 속에 갇혀 있던 나를 새로운 나로 이끌어 준 소중한 경험이었다. 친구들과 선생님들 덕분에 나는 웃고 의지하며 살아가는 법을 배웠고, 스스로를 믿을 수 있는 힘도 얻게 되었다. 이제 나는 더 이상 혼자가 아니라, 함께 성장하며 앞으로의 길을 걸어갈 용기를 가진 사람으로 남게 되었다.

#

내가 축 처져있을 때 무슨 일이냐며 말을 걸어준 담임 선생님, 아마 내가 본 선생님 중에 단연 최고의 선생님이다. 1학년 때의 나는 정말 불량 학생이었다. 아직 마음도 온전치 않고 불안정한 시기였기에 수업 땐 매일 잠을 자기 일쑤였고, 상담으로 수업을 여러 번 빼기도 했다. 수행평가가 두려워 과제를 아예 해가지 않을 때도 많았다.

그럼에도 선생님은 혼낸다기보단 선생님의 어린 시절 이야기를 해주면서 날 올바른 길로 갈 수 있게 해주었다. 덕분에 난 내가 진정 원하는 삶이 무엇인지 알게 되었다. 선생님께서는 내가 남은 1년을 더 성장하고 행복하게 지낼 수 있도록 정말 많이 도와주셨다.

가끔은 문득 생각이 든다. 만약 애니고에 오지 않았다면 나는 지금 어떤 모습일까? 아마 여전히 사람들과 벽을 만들며 외롭게 지내고 있지 않았을까. 이곳에서 만난 사람들은 내 삶을 바꾸었고, 나는 그 누구보다도 운이 좋은 사람이라는 걸 느낀다. 같은 학교 같은 반에서 취향을 공유할 수 있는 친구를 만나는 건 흔치 않은 기회고, 그런 귀한 친구들을 만났기에 이 인연을 소중히 여기며 살아가고 싶다. 앞으로도 멀어지지 않고 함께 웃으며 나아가는 사이가 되길 바란다. 이 모든 것에 항상 감사하며 살아갈 것이다.

고마운 인연들

 우리는 모두 살면서 인연을 만나게 된다. 나에게도 소중한 인연들이 있다. 처음 떠오르는 분은 애니고 입시를 준비하며 만난 수학 학원 선생님이다. 선생님께서는 초등학교 때부터 공부에 손 놓았던 나를 꽤 어려운 문제도 풀 수 있는 아이로 바꿔주셨다. 공부에 대한 자신감이 많이 오른 덕분에, 덩달아 영어와 국어 점수도 향상되었다. 선생님의 도움으로 애니고에 올 수 있었다고 생각하여 여전히 감사함을 느끼고 있다. 요즘도 가끔 찾아뵙기도 하는데 선생님을 뵙고 오면 큰 힘을 얻는다. 나도 누군가에게 힘이 되어주는 사람이 되고 싶다.

미술 학원에서 만난 중등부 학원 선생님들도 소중한 인연이다. 기초가 부족했던 나에게 차근차근 기본부터 알려주시고 격려해 주셔서 너무나 감사했다. 그 밖에도 미술을 전공하며 느꼈던 생각과 경험을 들려주시며 애니고 입학 준비를 도와주신 이모, 건강하고 즐겁게 운동할 수 있도록 도와주신 관장님 등 감사한 분들의 얼굴이 떠오른다. 평소 직접 말씀드리지는 못했지만 내 이야기를 책으로 만들어 세상에 소개하는 이 소중한 기회를 통해 그분들께 이 말씀을 꼭 전해 드리고 싶다. 앞으로 인생을 살아가며 항상 감사할 것이라고.

친구들에게도 고마운 마음이 크다. 애니고 합격을 나보다 더 기뻐해 준 친구들, 애니고에 와서 사귄 멋진 친구들. 또한 학교에 와서 알게 된 존경하는 선배들과 학교 선생님들 모두. 이런 인연들은 나에게 큰 행운이다.

이번 챕터의 글을 쓰면서 가장 오래 고민하고 긴 시간 동안 글을 쓰고 있다. 고맙고 좋은 인연들이 많이 있는데 감사한 마음을 글로 표현하는 것에 어려움을 많이 느꼈다. 앞으로 내 감정이나 기분을 말과 글로 잘 옮겨 담는 연습을 해야겠다는 생각이 들었다. 서툴게 표현했지만 내 진심이 고마운 분들께 온전히 전달되기를 바란다.

#

학교에 다니면서 내가 친해지고 싶었던 사람과 실제로 가까워지는 경우는 생각보다 적었다. 오히려 처음엔 별로 상관없다고 생각했던 사람들과 자주 만나고, 시간을 보내다 보니 자연스럽게 가까워졌다. 처음부터 같이 지내고 싶었던 친구들은 생각만큼 쉽게 다가오지 않았다. 반대로 큰 기대 없이 만난 사람들과는 같은 수업을 듣거나 기숙사에서 방이 가까워 자주 얼굴을 보면서 어느새 같이 밥을 먹고 산책도 하는 사이가 됐다.

기숙사 학교는 같은 공간에서 생활하다 보니 찾아가지 않아도 자연스럽게 얼굴을 마주친다. 그러다 보면 나도 모르는 사이에 더 친해지게 된다. 특히 먼저 말을 걸어주거나 같이 밥 먹자고 불러주는 친구들이 있어서 애써 노력하지 않아도 관계가 만들어졌다. 산책을 같이 다니는 친구들도 마찬가지였다. 걷기 방과후를 함께 하면서 자연스럽게 가까워진 것이다.

친구와 어울리다 보면 자연스럽게 관계가 이어졌다. 물론 처음에 마음먹은 대로 가까워지지 못한 친구가 있어 아쉬울 때도 있다. 대신 예상치 못한 친구들과 더 재미있고 편하게 지내는 시간이 생겼다. 그래서 나는 가끔 '진짜 친구란 뭘까?'라는 생각을 한다. 일부러 붙잡아야만 이어지는 관계라면 진짜 친구일까? 반대로 의도하지 않았는데도 같이 있고 싶어지는 친구, 그런 친구가 진짜 친구 아닐까. 기숙사 생활을 하면서 이런 생각을 자주 하게 되었다.

걷기가 준 선물

 예전에는 걷는 게 귀찮기만 했다. 중학교 때 운동장을 몇 바퀴 돌라고 하면 힘들고 시간 낭비라고만 생각했다. 걸으면서 얘기하는 것도 그렇게 재밌을 거라고 생각하지 않았다. 친구들이랑 걷기보단 가게에서 음식을 사 먹거나 하는 일이 훨씬 즐겁다고 생각했다.

 하지만 친구들과 걷다 보니 교실이나 기숙사 안에서

는 꺼내기 어려운 얘기도 자연스럽게 할 수 있었다. 숲길을 걸으며 나무를 보고 새소리를 들으면서 학교 이야기나 별것 아닌 농담을 하다 보면 금세 시간이 흘렀다.

이런 시간이 쌓이면서 산책은 자연스러운 일과가 되었다. 처음엔 다들 귀찮아할 줄 알았는데, 오히려 나와 비슷한 고민을 한 친구가 많았다. 덕분에 단순히 걷는 것만으로 서로를 더 알게 되었고, 특별한 일이 없어도 가까워질 수 있었다.

걷기 덕분에 대단한 사건이 생긴 건 아니지만, 그 시간 동안 가벼운 이야기부터 조금은 깊은 이야기까지 자연스럽게 나눌 수 있었다. 예전엔 시간 낭비라 생각했지만, 지금은 산책이 오히려 친구들과 친해지는 가장 좋은 방법이자 기다려지는 시간이 됐다.

너의 꿈을 찾아가는 모습

HB야 내 딸 HB야.

개학하니 좋지?

나도 좋다. ㅋ

문득 옛날 생각나네. 아기 땐

항상 손잡고 서로 냄새 맡아가면서 잤는데 언제부터

인가 엄마 코고는 소리가 싫다며 같이 잠도 안자고 ~~

서운하다.

잊지마라 넌 내 속에서 나온 첫 번째라는 걸.

금요일이 기다려진다.

학교로 널 데리러 가는 길이

정말 아름답고 행복하다.

외할머니와 데이트하는 시간이기도 해

이건 비밀인데 꽃밭에서 둘이 사진도 찍었다.

너무 오랫만이라 밤에 사진 보면서 훌쩍했네. 좀 더 젊었을 때 사진 많이 찍을 걸 너와 동생만 사진 찍어 준 것 같아 좀 죄송했어. 우리도 사진 좀 찍자.

너의 꿈을 찾아 가는 것 같아 안심이 된다.

항상 응원해. 2학기도 재미있고 신나게 지내길 바란다.

이번 토요일은 엄마랑 데이트다 잊지마.

맛난 급식 감사히 먹으렴.

사랑해.

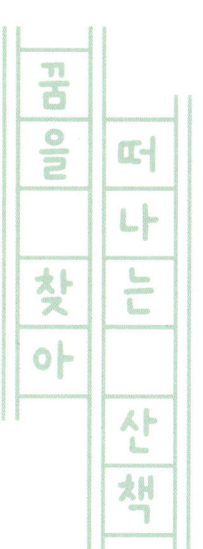

꿈을 찾아 떠나는 산책

chapter 4
더 높은 꿈을 위해

나에게 거는 기대 머루

아직 오지 않은 내일 개미

천천히, 그러나 끝까지 HB

내 그림이 가장 빛을 낼 때까지 두부과자

언제 이렇게 다 컸지 두부과자의 어머니

그림 - 두부과자

나에게 거는 기대

 궁극적인 목표는 내 작품을 만들어 세상에 내놓는 것이다. 그러기 위해서 지금은 더 많은 걸 배울 수 있는 대학의 입시를 준비해야 하고 실질적으로는 취업이라는 큰 산도 넘어야 한다. 애니고에 입학한 걸 시작으로 꿈을 향해 꽤 큰 보폭으로 나아가고 있다는 생각이 든다. 애니고에 와서 전공에 대해 전문적으로 배우고 비슷한 목표를 가진 친구들과 함께하고 있기 때문이다. 요즘에는 대학교 입학 면접에 쓰일 포트폴리오를 만드는 일에 힘쓰고 있다. 어떻게 하면 포트폴리오를 통해 내가 어떤 사람인지, 어떤 걸 이야기하고 싶은지 제대로 담아낼 수 있을지가 고민거리이다. 나는 웹툰을 통해 사람에 대해 이야기하고 싶다. 사람들이 이루는 사회와 그사이에 오가는 사소한 감정들을 좋아하기 때문이다.

지금은 많은 걸 보고 많은 작품을 만들어 보는 걸 목표로 하고 있다. 아무리 전공 수업을 듣고 학교 과제로 웹툰과 관련된 걸 한다지만 내 작품을 만드는 건 학교 수업만으로는 턱없이 부족하다고 느끼기 때문에 동아리 활동이 꽤 큰 비중을 차지하고 있다. 내가 소속된 동아리는 '개화경'이라는 개인 포트폴리오 제작을 목표로 하는 웹툰 동아리이다. 1학년 때부터 해왔던 동아리이고, 지금은 부장으로서 동아리 활동을 이어오고 있다. 졸업하고 나서는 어떻게 바뀔지 모르는 일이지만, 만화 웹툰을 공부하고 제작하고 실전의 경험을 쌓기 위한 커리큘럼이 잘 짜여있고 역사가 깊은 동아리이니 만화 웹툰을 좋아하는 학생이라면 동아리 시간에 '개화경'의 부원으로 활동해 보는 것을 추천한다. 동아리 활동도 세부 능력과 특기사항에 포함되다 보니 자신에게 잘 맞고, 열심히 활동할 동아리를 고르는 게 중요하기 때문이다.

웹툰은 그냥 일러스트 한 장을 그릴 때와는 달리 프로그램을 좀 더 전문적으로 다룰 줄 알아야 하고, 지속적이고 연속되는 컷을 그리면서 이야기를 풀어나가야 하다 보니 긴 프로젝트인 만큼 혼자 시작하기에는 진입 장벽이 너무 높다. 나 역시 시작이 어려웠고, 뭘 해야 할지 몰랐던 것 같다. 동아리 활동을 통해 다른 친구들과 함께 시작하니 훨씬 수월했던 것 같다. 물론 첫 웹툰 작업은 컷 만드는 법도 몰랐고, 페이지를 만든다는 개념도 없어서 모양만 웹툰인, 그런 작업을 했었는데, 확실히 두 번, 세 번 작품을 만들기 위해 도전하고 부딪혀 볼 때마다 레이어를 다루는 법이나 더 빠른 작업을 할 수 있는 시간 분배같이 나만의 팁이 생기고 작업 속도도 처음이랑은 비교도 안 될 정도로 빨라졌다.

동아리 활동을 시작하고 든 생각은 웹툰은 많이 만들

어보는 수밖에 없다는 것이었다. 학기 별로 만들어온 웹툰을 볼 때면 성장했다는 게 크게 와 닿는다. 웹툰에는 그림도 중요하지만, 글이 차지하는 영역도 작지 않다고 생각하기 때문에 다양한 이야기를 만들어 내기 위해 노력하고 있다. 이야기를 구상하고 캐릭터 간의 서사를 부여하는 작업이 그림을 그리는 것과는 또 다른 매력을 느끼게 해준다. 앞으로 수많은 웹툰을 만들어내면서 또 어떤 매력을 느끼게 될지 기대된다.

#

좋은 창작자가 되기 위해서는 나만 재밌는 이야기를 만들어선 안 된다고 생각한다. 결국 사람들에게 보여주기 위한 창작이기 때문이다. 하지만 사람들의 취향은 다양하고 같은 책을 읽어도 느끼는 감상은 다 다를 것이다. 모든 사람을 만족시킬 수는 없다. 그래서 나는 적어도 나와 같은 관심사를 가지고, 비슷한 걸 좋아하고, 비슷한 고민과 힘듦을 가진 사람들이 공감할 수 있는 작품을 만들어 내자는 마음으로 이야기를 쓴다. 1학년 때 만들었던 작품으로 공모전에 참여한 적이 있다. 뜻밖에도 좋은 결과를 얻을 수 있었는데, 그보다 더 인상 깊었던 것은 내가 그린 이야기를 좋아해 주는 사람들이 있다는 사실을 확인할 수 있었다는 점이다. 그것은 단순한 수상 이상의 의미를 지녔다. 누군가에게 나의 이야기가 닿았다는 경험은, 앞으로 내가 어떤 이야기를 그리고 싶은지에 대해 진지하게 고민하게 만든 계기가 되었고, 작품의 방향성을 다시 다잡을 수 있는 결정적인 순간이 되었다.

  이 글을 쓰면서 지금까지 지나온 길들을 돌아보며 내 생각과 앞으로의 목표에 대해 제대로 정리해 볼 수 있어서 쓰면서도 많은 깨달음을 얻은 것 같다. 내가 뭘 위해서 걸어가고 있는지, 내가 어떻게 살아가고 있는지 혹시 쓸 게 없는 건 아닐지 걱정도 됐는데 막상 써 내려가다 보니 생각보다 열심히 노력하고 있는 것 같아 뿌듯하다. 이 책을 쓰는 것도 미래의 나에게 많은 도움이 되지 않을까 하는 기대를 품고 쓰고 있는데, 어떤 생각을 하며 읽고 있을지 궁금하다. 10년 아니 당장 내일에라도 바뀔 수 있는 꿈이지만, 꿈을 위해 노력한 흔적은 바뀌지 않을 거라 믿는다.

애니고는 학생들의 꿈과 재능으로 빛나는 곳이다. 과거의 나처럼 애니고에 진학하기로 마음먹고 입시를 준비하는 학생이 있다면 어린 나이에 벌써 꿈을 향한 큰 도전을 시작한 그 용기가 참 대단하다고 말해주고 싶다. 같은 길을 걸어온 선배로서, 그들의 용기와 열정을 진심으로 응원해 주고 싶다. 입시를 해본 사람으로서 꼭 애니고에 합격하지 못해도 무언가 목표를 위해 최선을 다했던 경험 하나로도 분명 합격보다 더 의미 있는 걸 얻었을 거라 장담한다. 그러니 결과에 두려워하지 말고, 최선을 다해보길 바란다. 처음 제대로 써보는 글이 서투르고 빈틈투성이겠지만, 지금의 감정은 지금만 쓸 수 있으니, 글을 쓰기로 결심한 데에 있어서 후회하지 않을 것이다. 글이 끝에 가까워지니 다른 사람들이 내 이야기를 읽으면서 어떤 감상을 느꼈을지도 궁금해진다. 부족한 글이지만, 내가 쓴 글을 읽은 게 부디 의미 있는 시간이었다면 좋겠다.

아직 오지 않은 내일

애니고에 합격한 순간부터 무엇이든지 열심히 해 보자고 생각했는데, 역시 현실로 행동에 옮기는 건 무척 어려운 일이다. 막상 학교에 온 나는 내 인생에 도움이 되는 것보다 단순한 행복을 추구하기 위해 덕질밖에 하고 있지 않았다. 하지만 세상엔 이런 덕질조차 제대로 못 하는 사람이 있으니, 무언갈 오랫동안 열심히 좋아하는 것도 나름의 노력이고 정신건강에 도움이 된다고 생각하는데, 과연 팬 활동이 나쁜 효과만 불러오는 걸까?

사실 덕질이 아니었다면 이 학교에 못 왔을지도 모르겠다. 좋아하는 사람이 있다면 그 사람을 위해 뭐든지 하듯, 나 또한 좋아하는 캐릭터를 위해 그림을 그렸다. 실력이 나아질 수 있도록 그렇게 계속 끊임없이 그렸다. 열심히 하고 싶다는 마음, 무엇이든지 할 수 있는 힘의 원동력은 좋아하는 것에서부터 나온다. 결국 좋아하는 마음은 무언가를 해주고 싶으므로 그 원동력으로 무엇이든지 할 수 있는 힘이 생기기 때문이다.

지금 자신의 상황이 불안한 친구들에게 내가 하고 싶은 말은, 자신이 열심히 하는 게 없다고 생각하지 말자는 것이다. 지금 마음을 다해 좋아하고 몰두할 수 있는 무언가가 있다면 그것만으로도 충분히 값지고 소중한 일이다. 결국 우리를 앞으로 나아가게 하는 힘은 남들이 정해 준 기준이 아니라, 스스로 좋아하는 것에서 비롯되기 때문이다.

\#

난 다른 친구들처럼 영화계에 한 획을 그을 영화감독, 모두가 동경하는 일러스트레이터 같은 대단한 꿈은 없다. 높은 목표를 설정해야 이루는 것도 많다고 많이들 말하지만, 그런 높은 목표만을 가지면 지치기 쉬울 거라고 생각한다.

내가 추구하는 건 '행복'이다. 하지만 어른들은 좋은 대학, 높은 성적만이 행복의 길로 이어진다고 말한다. 틀린 말은 아니다. 높은 성적으로 좋은 대학에 가서 안정적으로 취업을 하고 일을 하며 자유를 누리는 것, 그게 누군가에겐 행복일지도 모른다. (실제로 돈을 많이 벌면 행복해 보여서 부럽긴 하다.) 그런데 그게 기준이 되어선 안 된다. 무조건 행복을 그 속에서만 찾아야 할까? 성적이 좋지 않더라도, 대학에 못 갈 것 같아도 그 밖에서 나만의 행복을 찾아나가면 된다.

더 높은 꿈을 이루기 위한 행복, 그 행복을 찾는 것이 내가 하고 싶은 일이다. 이렇게 말하면 애매모호하게 들릴지도 모르겠다. 행복을 찾는다는 것의 의미는 무조건 공부만이 아닌 공부 밖의 세계를 탐험하고 여러 가지 일을 하고 일에 부딪혀보며 세상을 알아가고 싶다는 뜻이다. 나는 지금 행복을 찾는 이 여정이 행복하다.

천천히, 그러나 끝까지

 고등학교 입시 때부터 꿈꿔온 목표가 있다. 바로 나만의 애니메이션 작품과 애니메이션 뮤직비디오를 만드는 것! 내가 상상한 것을 애니메이션으로 표현을 할 수 있는 날이 오면 얼마나 행복할까, 생각하면 마음이 뭉클해진다.
 내가 애니메이션으로 뮤직비디오를 만들고 싶은 이유는, 그림으로만 표현할 수 있는 독특한 연출과 느낌에

서 색다른 매력을 느꼈기 때문이다. 현실에서는 자연스럽게 표현하기 힘든 장면도 애니메이션만의 레이아웃과 연출 방식으로 가능하다. 요즘 들어 애니메이션 뮤직비디오가 점점 많아지는 것 같다. 물론 예전에도 있었지만, 최근에는 특히 더 주목받는 것 같다.

애니메이션은 여러 사람이 함께할 때 훨씬 효율적이다. 하지만 나는 조금 늦더라도 마음이 잘 맞는 사람들과 하나하나 만들어 가고 싶다. 작업이 느리더라도 그 속에서 서로의 개성과 색깔이 드러나고, 내가 원하는 이야기를 더 온전히 담을 수 있다고 믿기 때문이다. 그래서 지금도 애니메이션뿐 아니라 만화나 웹툰처럼 다양한 방식을 통해 내가 하고 싶은 이야기를 꾸준히 그리고 있다. 결국 중요한 건 속도가 아니라, 내가 진짜 그리고 싶은 걸 끝까지 지켜 나가는 마음이라는 걸 깨달았다.

#

인생도 애니메이션의 한 장면처럼, 한 컷 한 컷 정성스럽게 그려나가고 싶다. 누군가에게 작은 의미라도 전할 수 있는 그림을 그리고 싶고, 언젠가는 내가 누군가의 꿈이 되는 사람이 되고 싶다. 그래서 더 나은 사람이 되기 위해 그림 공부를 이어가고 있다. 이 길이 얼마나 도움이 될지, 또 언제까지 계속할 수 있을지는 알 수 없지만, 끝내 무언가 하나라도 남는다면 그것만으로도 충분히 만족할 수 있을 것 같다.

가끔은 '내가 이 길을 끝까지 갈 수 있을까?'라는 의문이 든다. 어쩌면 나중에 전혀 다른 일을 하고 있을지도 모른다. 그래도 지금만큼은 최선을 다하고 싶다. 애니고에 온 걸 후회하지 않기 위해, 지금 내 꿈을 향해 달려가고 싶다. 작품을 완성했을 때 실력이 조금이라도 늘어 있다면 나는 만족한다. 물론 비교에서 완전히 벗어나긴 어렵겠지만, 적어도 나를 깎아내리지 않고 꾸준히 배우고 그리고 싶다. 작은 기회라도 주어진다면 꼭 잡아서 도전해 보고 싶다. 그것만으로도 좋은 경험이 될 거라고 믿는다.

내 그림이
가장 나다운 빛을 낼 때까지

 어릴 때부터 그림으로 돈을 벌고 싶다는 생각을 늘 해왔다. 단순히 취미로 그리는 게 아니라, 내 그림이 누군가에게 인정받고 보상을 받을 수 있는 사람이 되고 싶었다. 그래서 자연스럽게 그림 실력을 키우는 데 집중했다.
 어린 시절에는 분야가 중요하지 않았다. 만화가든, 일러스트레이터든, 캐릭터 디자이너든 어디든 괜찮았다. 그

림만 그릴 수 있다면 충분히 행복했다. 그림을 통해 내 생각을 표현하고 결과물이 생긴다는 사실 자체가 기뻤기 때문이다.

하지만 고등학교에 올라오면서 생각이 점점 구체적으로 바뀌었다. 단순히 그리고 싶다는 마음만으로는 부족했다. 내 꿈을 현실로 만들려면 어떤 길을 택해야 할지, 어떤 분야에서 내 그림이 가장 나다운 빛을 낼 수 있을지 고민하게 됐다.

그 결과 지금은 게임 일러스트 쪽으로 진로를 정하게 됐다. 내가 좋아하는 스타일을 살리면서 꾸준히 발전할 수 있는 길이 무엇인지 따져본 끝에, 게임 일러스트가 가장 잘 맞는다고 느꼈다. 어린 시절의 막연한 꿈이 이제는 구체적인 목표로 자리 잡은 만큼, 그 길을 향해 한 걸음씩 나아가며 나만의 색을 가진 일러스트레이터로 성장하고 싶다.

#

진로를 정하기 전부터 나는 게임을 무척 좋아했다. 단순히 플레이만 한 게 아니라, 게임 속 그림과 캐릭터 디자인, 배경, 색감을 자세히 관찰하곤 했다. 마음에 드는 화풍이 있으면 비슷하게 따라 그려보고, 다른 작가들의 그림을 찾아보며 연구했다. 유명 게임 회사의 일러스트를 모아두고 분석하기도 했다. 그때는 단순히 재미있어서 한 일이었지만, 지금 생각하면 큰 도움이 됐다. 다양한 화풍을 접하면서 내 그림의 폭이 넓어졌고, 여러 스타일을 자유롭게 시도할 힘이 생겼기 때문이다.

지금은 그때보다 목표가 분명하다. 단순히 좋아서 그리는 수준을 넘어, 내 그림이 실제로 게임에 쓰이려면 실력을 높여야 한다는 생각이 강하다. 그래서 한 장을 그리더라도 대충 끝내지 않고 완성도를 높이려 노력한다. 부족한 부분은 다시 고치고, 잘된 부분은 어떻게 더 살릴지 고민한다. 하루에 얼마나 그릴지 계획을 세우고 참고 자료도 꾸준히 모은다.

이제 그림은 단순한 취미가 아니라 미래를 위한 투자다. 물론 여전히 그리는 일은 정말 즐겁다. 재미가 없었다면 이렇게 오래 붙잡지 못했을 것이다. 다만 지금은 그 재미가 내 꿈으로 이어진다는 점에서 다르다. 가끔은 막히거나 실력이 부족하다고 느껴 답답할 때도 있지만, 결국 원하는 그림을 그리고 싶다는 마음이 나를 성장하게 만든다.

지금 내가 할 수 있는 건 꾸준한 연습뿐이다. 주변에 이미 뛰어난 친구들을 보면 부럽지만 동시에 존경스럽다. 언젠가는 나도 저렇게 되겠다는 마음으로 계속 노력하고 있다.

내가 바라는 건 단순하다. 그림을 오래 좋아하고, 그 그림으로 돈을 벌 수 있는 직업을 가져서 스스로 만족하는 것이다. 다른 사람의 칭찬도 좋지만, 결국 가장 중요한 건 내가 훌륭한 그림을 그려, 내 그림에 만족하는 것이다. 그 목표를 위해 지금도 매일 조금씩 나아가고 있다.

언제 이렇게 다 컸지

 또래보다 체구도 작고 마냥 어린아이 같이 느껴졌던 우리 집 큰아이, 집에서 꽤 멀리 떨어진 고등학교에 진학하여 기숙사 생활을 하게 돼 처음에는 걱정이 많이 되어 한동안 잠도 설치곤 했습니다. 엄마의 손길 없이도 기숙사에서 혼자 해내야 하는 일들도 잘해 내고 친구들과도 잘 지내는 모습을 보면서 차차 안도하게 되었습니

다. '언제 이렇게 다 컸지.' 하는 마음이 들며 일주일 만에 만날 때마다 왠지 더 의젓하게 느껴졌습니다. 고등학교 생활 중에서도 건강 걷기 수업 이야기를 자주 들려주었는데 건강걷기 활동 시간이 즐겁다고 말하며 자주 산책하는 습관도 덤으로 생긴 것 같아 좋습니다. "엄마 저는 자연이 좋아요. 산책할 때마다 들려오는 새소리가 좋고 맑은 공기와 푸른 숲이 좋아요."라며 들뜬 목소리로 말하는 모습을 보면서 산책하면서 그전보다 한결 밝아진 것 같아 놀랍기도 하고 기특하기도 했습니다. 아침 산책하면서 친구들과도 더 가까워지고 학교생활을 하며 힘들어하는 모습보다는 적극적으로 문제에 부딪치고 해결하려는 모습이 전보다 긍정적으로 변한 것 같습니다. 흔한 감기도 잘 걸리지 않고 육체적으로도 더 건강해진 것 같아 건강걷기반에 들어가길 정말 잘한 것 같고 담당 선생님께도 깊이 감사드립니다. 앞으로도 계속 소중한 건강걷기 수업을 진행하면서 더 건강해지고 더 크게 성장할 모습이 기대됩니다.

Epilogue

별을 보았던 그날 머루

사진 한 장의 추억 개미

가장 특별한 순간 만난 꿈 HB

혼자거나 함께거나 두부과자

별을 보았던 그날

 처음으로 다 함께 걸었던 날, 그날이 나에겐 걸으며 봤던 것 중 가장 반짝이는 기억이다. 도시에서는 볼 수 없는 풍경이었다. 높고 **빽빽**한 건물들 사이에선 별이 보이지 않는다. 별과 가까워질수록 별은 보이지 않는다는 게 참 모순적인 것 같다. 안개만 껴도 쉽게 가려지는 멀고 먼 별이지만 별은 항상 그 자리에 있다. 별이 잘 보이던 그날이 운이 좋았던 것일 뿐 별이 보이지 않는 날이 훨씬 많을 것이다. 꿈을 향해 달려가다 보면 언젠가 저 별처럼 목표가 보이지 않는 날이 오겠지만 결국 돌고 돌아 별이 보이는 날이 올 거라고 믿는다.

사진 한 장의 추억

 똑같은 길을 몇 번씩이고 걸었다. 똑같은 길이지만 그날의 온도, 해가 지는 노을의 시간, 구름의 모양은 다 다르다. 어떤 날엔 비에 젖은 흙냄새, 어떤 날엔 물의 비린내가 난다.

 이 순간이 영원할 순 없다. 그러니 나는 사진으로라도 이 풍경을 담아낸다. 담아내야만 한다.

왜냐하면 머릿속에서 떠올리는 환상만으론 모두에게 보여줄 수 없다. 사진은 흐릿하지 않은, 있던 그대로의 풍경을 보여주기에 아름다운 그날의 색채를 오랫동안 보고 싶다면 카메라에 담아내야 하는 수밖에 없다. 내가 카메라를 들고 다니는 이유다.

그렇게 나는 하루에 사진 한 장, 풍경을 담아낸다.

그날의 사진을 보면 그때의 온도 습도 냄새 소리 마음 모두 떠올릴 수 있을 것이다.

'想い出'이라는 일본어가 있다. 한국어로 번역하자면 '추억'이라는 뜻인데, 보통은 '思い出'를 쓰지만 이 '想い出'은 조금 더 감정과 애정이 담긴 추억으로 쓰인다고 한다. 난 이 단어를 무척 좋아한다. 그래서 나의 사진들을 보며 친구들과의 想い出을 떠올리곤 한다. 적어도 그 순간의 감정만큼은 진심이었으니까, 잊지 않고 싶었다.

가장 특별한 순간 만난 꿈

고등학교 2학년에 올라오면서 많은 일들이 있었다. 생각과 마음을 정리하기 위해 자주 산책을 나갔다. 어느 때는 노래를 듣고 어느 때는 주변 풍경을 보며.

그러다 산책을 하는 학교 방과후 수업이 있다고 해서 신청하였다. 매주 수요일 보건 선생님과 친한 친구들과 함께 걸었다.

다른 새로움이었다. 혼자 하는 산책과 달리 선생님, 친구들과 이야기를 나누며 걷다 보니 이전에는 못 봤던 아름다운 풍경이 보였다. 매일 보던 하늘도 학교 밖 산책길에서 보니 처음 보는 하늘이었다. 걷는 걸음마다 마음의 짐이 바람에 실려 날아가 버렸다.

방과후 산책을 하며 새롭게 생긴 취미는 바로 사진이다. 함께 산책하며 친구들과 선생님을 찍는 순간이 행복했다. 사진을 보면 그 순간 걸었던 길의 냄새도 느껴지는 것 같았다.

돌아보면 방과후 산책은 고등학교 생활 중 가장 특별한 순간이었다. 그 길을 걸으며 앞으로 내가 만들고 싶은 애니메이션과 일러스트를 상상하곤 했다. 그래서 그 산책길은 단순한 길이 아니라 내 꿈을 키워 준 시간으로 오래 기억될 것이다.

혼자거나 함께거나

학교에서 생활하는 시간이 대부분이다 보니, 가끔 학교 밖을 나가 친구들과 걷는 시간이 큰 변화가 된다. 평소에는 교실, 기숙사, 식당만 오가며 비슷한 풍경만 보는데, 울타리를 벗어나 조금만 걸어도 새로운 길과 다른 풍경이 나타난다. 길가의 나무, 멀리 보이는 하늘, 지나가는 고양이, 전깃줄 위 새 같은 것들이 눈에 들어온다. 걸으며 이런 것들을 함께 보며 얘기하다 보면 자연스럽게 소소한 감상이 쌓인다.

학교 안에만 있으면 하루가 반복되는 것 같지만, 밖에서 조금만 걸어도 예전 기억들이 떠오른다. 친구와 집까지 걸어가던 순간처럼 그땐 그냥 지나간 시간이었는데, 지금은 오히려 오래 남아 있다.

지금의 산책도 마찬가지다. 단순히 걷는 것 같아도 내겐 새로운 자극이 되고, 답답했던 마음을 정리해 준다. 걷는 동안에는 깊게 고민할 필요도 없다. 눈앞에 보이는 것들을 보며 차츰 머릿속이 비워진다. 그래서 산책은 단순한 활동이 아니라 복잡한 생각을 '리셋'하는 의미 있는 시간이다.

혼자 걷는 산책과 친구들과 걷는 산책은 다르지만 둘 다 소중하다. 혼자 걸으면 내가 보고 싶은 대로, 가고 싶은 길로 자유롭게 갈 수 있다. 사진을 찍거나 하늘을 올려다보며 멈춰 서 있어도 아무도 기다릴 필요가 없다.

반대로 친구들과 함께 걸으면 대화 속에서 풍경을 다

르게 볼 수 있다. 친구가 지나가는 고양이를 먼저 알려주기도 하고, 내가 놓친 장면을 알려주기도 한다. 혼자 걸었다면 못 봤을 것들을 같이 걸으면서 알게 되는 셈이다.

산책이 끝나면 그날의 느낌을 간단히 기록한다. 처음엔 귀찮을 줄 알았는데, 막상 해보니 어렵지 않았다. 떠오르는 대로 적다 보면 그날의 풍경과 공기, 대화까지 다시 떠오른다. 그 덕분에 같은 풍경이라도 더 생생하게 기억된다. 사진으로 보는 것과는 확실히 다르다. 직접 걷고 보고 느낀 경험이 머릿속에 오래 남는다.

그래서 산책은 내게 단순한 습관이 아니라 고마운 활동이다. 매번 다른 길을 걸으면 그만큼 새로 얻는 게 있다. 혼자 걸으면서 정리되는 생각도 있고, 함께 걸으며 알게 되는 것도 있다. 그래서 지금도 걸을 때마다 이 시간이 내게 주는 의미를 다시 느낀다. 자연을 보고, 대화하고, 기록하며 걷는 이 시간이 내 생활에 꼭 필요하기 때문이다.

그래서 앞으로도 혼자 그리고 또 함께 계속 걸을 것이다.

꿈을 찾아 떠나는 산책

©머루 개미 HB 두부과자, 2025

초판 1쇄 2025년 12월 1일

지은이 머루 개미 HB 두부과자
도움 주신 선생님 권민서 김영미 이민지

펴낸이 서연남
펴낸곳 ㈜도서출판 이음
편집주간 원상호
교정교열 권경륜
디자인 박충식 정아진 김다슬

출판등록 제419-2017-00013호
주소 26404 강원특별자치도 원주시 흥업면 한라대길 28,
  한라대학교 창업보육센터 203호
전화 033-761-3223 **팩스** 033-766-8750
전자우편 iumbook@naver.com **인스타그램** @iumbook
ISBN 979-11-993905-9-1(03800)

- 이 책의 판권은 지은이와 ㈜도서출판 이음에 있습니다. 이 책 내용의 일부 또는 전부를 재사용하려면 반드시 양측의 서면 동의를 받아야 합니다.
- 값은 뒤표지에 있습니다.
- 잘못된 책은 본사나 구입처에서 바꿔드립니다.